光明社科文库
GUANGMING DAILY PRESS:
A SOCIAL SCIENCE SERIES

·经济与管理书系·

中国住户调查住户收入统计差异研究

以国民核算为基准

唐 军 | 著

光明日报出版社

图书在版编目（CIP）数据

中国住户调查住户收入统计差异研究：以国民核算为基准 / 唐军著 . -- 北京：光明日报出版社，2021.12
ISBN 978－7－5194－6413－4

Ⅰ.①中… Ⅱ.①唐… Ⅲ.①居民家庭收支调查—研究—中国 Ⅳ.①F126.2

中国版本图书馆 CIP 数据核字（2021）第 271770 号

中国住户调查住户收入统计差异研究：以国民核算为基准
ZHONGGUO ZHUHU DIAOCHA ZHUHU SHOURU TONGJI CHAYI YANJIU: YI GUOMIN HESUAN WEI JIZHUN

著　　　者：	唐　军		
责任编辑：	杨　茹	责任校对：	李小蒙
封面设计：	中联华文	责任印制：	曹　净

出版发行：光明日报出版社

地　　址：北京市西城区永安路 106 号，100050

电　　话：010－63169890（咨询），010－63131930（邮购）

传　　真：010－63131930

网　　址：http://book.gmw.cn

E－mail：gmrbcbs@gmw.cn

法律顾问：北京市兰台律师事务所龚柳方律师

印　　刷：三河市华东印刷有限公司

装　　订：三河市华东印刷有限公司

本书如有破损、缺页、装订错误，请与本社联系调换，电话：010－63131930

开　　本：170mm×240mm

字　　数：94 千字　　　　　　　　　　印　　张：9.5

版　　次：2022 年 5 月第 1 版　　　　　印　　次：2022 年 5 月第 1 次印刷

书　　号：ISBN 978－7－5194－6413－4

定　　价：85.00 元

版权所有　　翻印必究

前　言

一般认为，住户调查和国民核算属于两种不同的统计体系，并且分属微观数据和宏观数据，因此，二者之间存在差异是常态，并且通常只在统计实践上承认二者之间的差异，而鲜有理论上的系统讨论和分析。特别是在住户调查统计资料本身较为欠缺的情况下，针对二者的比较也相对较少。长期以来，住户调查和国民核算作为两种统计体系得到单独研究，并积累了大量的研究成果。但是，近年来学术界对居民收入、消费和储蓄研究领域的研究，特别是对微观数据的大量运用使得调查与核算两者之间的差异引起了越来越多的关注。一些研究试图将两种统计数据结合在一起对住户收入进行研究，以求将两种数据的统计优势结合在一起。结果发现，两种统计数据之间存在明显的不协调和不一致问题。

本书通过对住户调查制度的改革与发展、国民核算住户收入统计的改革与发展以及住户调查与国民核算住户收入口径差异的分析等方面的研究和探讨，主要得到了以下三个方面的研究结论。

一是城乡一体化住户调查改革带来了住户调查制度的重大变化。城乡一体化住户调查改革是一次全面系统性的重大调查制度变革，涵盖调查指标和内容、抽样方法、调查过程和行为、数据处理以及数据发布的"五统一"。特别是从调查指标及其口径的修订的角度来看，通过对工资性收入、经营净收入、财产净收入以及转移净收入等收入构成指标及其内涵的重大调整，带来了收支指标及其内涵的重大变化。从口径调整的结果来看，城镇常住的农民工按城镇常住人口统计收入后，略微拉低了当年城镇居民的收入水平数据，城镇住户1997—2012年新口径与老口径相比，人均可支配收入有所调低，人均消费支出有所调高，但调高或调低的比例都在3%以内，总的调整幅度不大，各收支大类明细均有所调整，其中人均可支配收入中以财产净收入调高幅度最大，且呈逐年递增趋势，转移净收入调低幅度最大；人均消费支出中以居住支出调高幅度最大，且总体上呈增加趋势，其他用品及服务支出调低幅度最大。由于原来农民工按农村常住人口统计时可能会漏报，农村住户1997—2012年新口径与老口径相比，人均可支配收入和人均消费支出均有所调高，且调高的幅度也较大，各收支大类明细均有所调整，其中人均可支配收入中以转移净收入调高幅度最大，财产净收入调低幅度最大，人均消费支出中以教育文化娱乐支出调高幅度最大，其他用品及服务支出调低幅度最大。

二是资金流量表（非金融交易）的编制工作得到了逐步完善。资金流量表的编制属于技术性很强的工作，同时也受制于各方面统计资料的口径和可获得性，因此，需要部分用到估算和推算方法。在我国中国国民经济核算体系（CSNA）经历了从试行方案到 CSNA2002，再到 CSNA2016 的逐步迭代的过程，资金流量表（非金融交易）的编制工作也得到了不断完善，经历了从 1997 年《中国资金流量表编制方法》一书到 2007 年《中国经济普查年度国内生产总值核算方法》的公开出版，再到 2012 年《中国实物资金流量表编制方法》的制定的逐步完善过程。现有资金流量表（非金融交易）已经是一项比较充分占用和利用现有各方面统计资料基础上形成的国民经济核算制度，成为了解我国宏观经济运行真实情况和过程的重要国民经济核算工具。

三是住户调查与国民核算住户收入口径差异成因较为复杂。通过构建的一个比较框架，我们对 2000—2016 年住户调查和国民核算住户收入数据进行了比较。比较的结果显示，住户调查工资性收入、经营净收入、财产净收入以及转移净收入等可支配收入的不同组成部分与国民核算相应数据的差异原因都是不尽相同的。其中，住户调查人均工资性收入占国民核算数的比例大体在 70%~90% 之间，年度之间有所波动，工资性收入的差异可能主要与高收入样本缺失有关；住户调查人均经营净收入占国民核算数的比例总体在 55%，差异较大，除了高收入样本缺失外，也可能与住户调查与国民核算在自有房屋增加值的估算方法方面的差异有关；住户调查人均财产净收入占国民核算数的比例总体在100%，2011年以来大多数年份已经超过200%，应该主要与住户调查财产净收入中自有房屋的出租或自住相关财产收入的处理方法不同有关；住户调查得到的人均转移净收入均大幅高于国民核算得到的人均转移净收入，倍数常年在10以上，显示住户调查中可能存在高估人均社会保险福利收入同时低估社会保险缴款的可能性。

目 录
CONTENTS

一、绪论 ………………………………………………………… 1
 （一）国内外研究现状述评 ………………………………… 2
 （二）选题的价值和意义 …………………………………… 7
 （三）主要研究内容 ………………………………………… 9
 （四）基本研究观点 ………………………………………… 11
 （五）基本研究思路 ………………………………………… 11
 （六）主要研究方法 ………………………………………… 12
 （七）主要创新之处 ………………………………………… 12

二、住户调查体系下中国住户收入统计的改革与发展 ………… 14
 （一）国际上对住户调查方法的规范和发展历程 ………… 15
 （二）中国住户调查的主要发展历程 ……………………… 20
 （三）中国住户调查收支指标体系的主要变化 …………… 25

（四）1978—2017年中国住户调查住户收支数据调整结果

分析 ………………………………………………… 43

三、国民账户体系下中国住户收入统计的改革与发展 ……… 66
  （一）国民账户体系的发展历程 ………………………… 67
  （二）国民账户体系在中国的应用和发展历程 ………… 79
  （三）中国资金流量表（非金融交易）的编制情况 …… 85
  （四）中国资金流量表（非金融交易）编制方法 ……… 91

四、住户调查与国民核算住户收入统计口径的差异分析 …… 99
  （一）住户调查与国民核算住户收入统计的差异：国际经验
    ……………………………………………………… 99
  （二）中国住户调查与国民核算住户收入统计口径的差异
    ……………………………………………………… 111
  （三）中国住户调查与国民核算住户收入差异统计分析
    ……………………………………………………… 116

参考文献 ………………………………………………………… 133

一、绪　论

一般认为，住户调查和国民核算属于两种不同的统计体系，并且分属微观数据和宏观数据，因此，二者之间存在差异是常态，并且通常只在统计实践上承认二者之间的差异，而鲜有理论上的系统讨论和分析。特别是在住户调查统计资料本身较为欠缺的情况下，针对二者的比较也相对较少。长期以来，住户调查和国民核算作为两种统计体系得到单独研究，并积累了大量的研究成果。但是，近年来学术界对居民收入、消费和储蓄领域的研究特别是对微观数据的大量运用使得调查与核算二者之间的差异引起了越来越多的关注。一些研究试图将两种统计数据结合在一起对住户收入进行研究，以求将两种数据的统计优势结合在一起。结果发现，两种统计数据之间存在明显的不协调和不一致问题。比如，Deaton（2005）认为，由中国住户调查得到的住户收入和消费增速连续系统性低于国民核算得到的经济增长率，可以推断出国民核算得到的经济增速被高估的结论；唐军（2012）从居民储蓄率角度的研究发现，1992—2010年资金流量表和住户调查显示的居民储蓄率变动趋势是不一致的，主要体现在资金流量表显示的居民储蓄率大幅高于住户调查数，而且在资金流量表显示的居民储蓄率呈上升趋势的同时，住户调查数显示的居民储蓄率并没有呈现出明显的上升趋势。这些研究都使得住户调查与国民核算住户收入数据之间的关系令人困惑，其内在原因有待发现和解释。

许宪春先后在2011年、2013年和2014年发表的系列文章中，或者将住户调查和国民核算收入差异问题作为重要内容之一，或者作为主要内容进行探讨，为进一步推进当前我国住户调查与国民核算住户收入差异的问题奠定了非常坚实的基础。不过，由于此后部分年份的住户调查又有一些重大调整，同时2018年年底国家统计局公开发布了根据住户调查一体化改革以来的统计口径对住户统计的历史调整数据，使得对住户调查与国民核算住户收入差异问题的研究还有更进一步的必要和空间，也具备了更好的数据基础。

（一）国内外研究现状述评

1. 国外主要研究进展

目前，关于住户收入相关统计质量问题，近年来国际上已经有部分相关研究。这些研究大体可以分为两个类别。

第一类通过将住户调查数据与国民核算数据进行比较以对住

户调查数据的质量进行推断。Brandolini 和 Cannari（1994）基于意大利银行主持的住户调查数据（SHIW）的一项研究认为二者的差异主要来源于调查数据所固有的数据缺失，如高收入样本差异、遗漏等。Jappelli 和 Modigliani（2005）基于 SHIW 的研究认为住户调查中的收入数据比消费数据更为精确是造成上述差异的重要原因。Chamon 和 Prasad（2010）将 1990—2005 年间中国城镇居民调查和国民核算住户收入统计之间的差异主要归结为高收入样本的缺失。

第二类则对住户调查数据与国民核算数据的差异进行了较为系统的研究。Ravallion（2003）认为住户调查数据与国民核算数据存在差异的主要原因有四个方面，即测量误差、统计范围、高收入组别的样本缺失或者故意隐瞒、价格调整。Deaton（2005）发现上述两种来源的数据存在差异是各国均不同程度存在的普遍现象。Deaton 认为，造成调查数据和核算数据差异的主要原因包括项目未应答、非市场生产、住户调查得到的消费数据可能包括部分非法或隐藏的消费成分、虚拟金融服务、交易价格差异、推算误差、支出法核算可能高估消费及其增速等。McColl 等（2010）对澳大利亚住户调查和国民核算获得的收入和消费数据口径进行了对比，并结合实际数据考察了二者之间的差异规模，最终就住户调查与国民核算数据之间的结合应用前景进行了探讨。作为重要的住户统计国际标准，UNECE（2011）（即《堪培拉专家手册 2011》）以附录的形式对住户调查与国民核算数据之间在概念、定义等方面的差异进行了对比研究，其中重点分析了在财产收入的估计、固定资产折旧、金融中介服务（FISIM）等问题处理上的差异对两种数据之间的不同带来的影响。

2. 国内主要研究进展

与国外已有研究相比，大量的是分别就住户调查和国民核算两个统计体系的完善着手进行的研究，同时近年来国内也出现了部分专门针对住户调查和国民核算数据差异来探讨收入统计质量、分析二者统计数据差异的研究。

（1）住户调查制度的相关研究

以收入分配和收入差距研究为导向，通过新的研究方法来修正现有住户调查中存在的高收入住户抽样差异等问题是主要研究方向。王小鲁（2007、2010）对灰色收入的研究实质上是弥补现有调查中缺失的灰色收入数据的一种尝试。尽管其使用的抽样方法以及恩格尔系数法、模型法等收入分布推断方法具有较大的争议性，但是其研究仍然是对现有住户收入统计进行修正的一种有益尝试（王有捐，2010；施发启，2010）。李实和罗楚亮（2011）对中国居民收入差距估计中可能出现的收入口径、购买力因素、城镇流动人口样本缺失、地区权重结构调整以及高收入人群样本代表性不足五方面差异进行了调整，并利用了帕累托分布修正住户调查抽样差异对收入差距指标的影响。

（2）国民核算制度的相关研究

对未观测经济的深入研究和实践应用成为推动国民核算统计

质量提升的重要方向。近半个世纪以来，国内外对未观测经济的研究已经发展出若干较为成熟的方法［经济合作与发展组织（OECD）等，2002］。蒋萍（2004、2006、2009）以及邱东和蒋萍（2008）是对中国当前未观测经济概念框架、测算思路等主要问题进行较为系统研究和介绍的主要代表。除此之外，也有一些研究对中国未观测经济的间接测算方法进行了一些尝试。夏南星（2000）、罗磊（2005）采用现金比率法分别对1988—1994年间和1980—2002年间的中国地下经济规模进行了测算。徐蔼婷和李金昌（2007）采用多指标多原因模型（MIMIC）并根据经济普查数据调整后的国内生产总值（GDP）数据对未观测经济总量占GDP的比重进行了测算。田光宁和李建军（2008）采用储蓄、信贷与国际收支之间的均衡关系模型，测算未观测经济总量并编制中国未观测经济指数。

（3）住户调查与国民核算住户收入差异的相关研究

近年来，住户调查与国民核算住户收入差异的原因探讨方面，也出现了部分较为深入的研究。许宪春（2011）以收入分配问题为切入点，对住户调查与国民核算住户收入在口径上的差异进行了探讨，澄清了将二者进行比较时存在的部分统计口径上的疑难。作为该文的三大内容之一，许宪春（2013）从概念、口径、资料来源和计算方法等方面对资金流量表中的居民可支配收入与住户调查中的居民可支配收入之间的区别进行了较为系统的分析。该分析以城乡一体化住户调查改革前城乡分割的住户调查制度为基础，将住户调查的可支配收入分解为工资性收入、经营性收入、财产性收入和转移性收入四个方面分别与资金流量表（非金融交易）的劳动者报酬、营业盈余、财产净收入和经常转移净收入的口径进行了系统比较。除存在口径差异外，该文还特别指出由于统计资料来源上的差异，住户调查在高收入住户中代表性不够，调查户收支填报不准确，存在少报和漏报等问题，致使住户调查得到的居民可支配收入与资金流量表统计数相比存在低估问题。据该文的估计，2008年和2009年资金流量表中的居民可支配收入分别是住户调查资料推算居民可支配收入的1.42倍和1.43倍，低估幅度非常明显。此后该文有关住户调查与国民核算住户可支配收入口径差异的观点在许宪春（2014b、2015）的文章中又得到了重申。许宪春（2014a）则专门对住户调查与国民经济核算统计指标，主要是住户收支指标之间的协调问题进行了较为全面系统的研究。与许宪春（2013）不同的是，该分析在考察现行住户调查制度下二者的差异外，还对城乡一体化住户调查改革推行后二者的差异也进行了前瞻性分析和探讨。不过，需要指出的是，随着城乡一体化住户调查改革的推进，部分年份又对调查制度进行了较大修订，该文针对城乡一体化住户调查改革背景下二者差异的研究结论也有必要进行部分调整和修正。

总的来看，国外已有的研究方面，第一类文献通常以住户调查数据为分析对象，对其与国民核算数据之间差异的阐释并非研究的主要目的，因而分析通常较粗略，缺乏系统完整的研究；第二类文献虽然对住户调查数据与国民核算数据之间的差异进行了较为系统的研究，但是缺少对中国问题的针对性分析，而且也没有就此对实际数据进行相应的调整。国内已有的研究方面，针对住户调查和国民核算的分别研究已经较为深入，住户调查与国民核算住户收入差异的原因方面也出现了部分价值较大的研究成果，但是由于该领域统计口径和数据披露的不完整性等条件的限制，相关研究文献一直较少。不过，随着城乡一体化住户调查改革的推进及进一步修订，加上新的历史统计数据的公布和披露，仍然存在进一步深入分析的空间和必要。

（二）选题的价值和意义

1. 理论价值和意义

（1）对两种住户收入之间的统计口径差异提供较为完整的解释

本书对住户调查与国民核算住户收入之间的差异给出较为完整的解释，有利于从理论上回答储蓄行为研究中常常面临的基于城乡住户调查得到的收入统计是否可靠的问题等问题。

（2）针对差异原因提出对城乡住户调查收入进行调整的方法

本书在分析两种住户收入系统性差异原因的基础上，提出了指标口径调整、高收入住户样本修正等方法，并应用这些方法对城乡住户调查的历史收入数据进行了调整，所采用的分析思路和调整方法将为后续同类研究提供方法参考。

（3）为微观层面上住户储蓄行为的研究工作提供更高质量的数据支持

本书对城乡住户调查得到的住户收入进行调整的结果将为后续同类研究提供数据支持，具有一定的基础性研究价值。

2. 实践价值和意义

（1）为城乡住户调查体系的改革发展提供新的视角

本书对住户调查体系与国民核算体系之间相关差异的研究与当前城乡住户一体化调查的基本方向相吻合，既可以为旧有住户调查数据的分析提供理论支持，也可以为未来城乡住户调查体系的不断完善提供新的分析视角。

（2）为国家经济政策决策提供更高质量的数据支持

本书有助于搞清楚中国居民收入变化的基本经验事实，对于解答中国经济增长及其未来走向有着重要的意义。

（3）对住户调查与国民核算系统性差异的分析有助于回应国际质疑

Deaton（2005）在对二者差异原因进行分析时对中国经济增长数据提出质疑。他认为，根据住户调查得到的住户收入和消费增速连续系统性低于国民核算得到的经济增长率的事实，可以推断出国民核算得到的经济增速被高估的结论。通过澄清造成住户调查数据与国民核算数据之间系统性差异的原因，本书有助于回应上述质疑。

（三）主要研究内容

综合已有研究成果，我们认为当前中国住户调查与国民核算住户收入统计之间的差异主要可以归结为统计口径差异、非抽样误差以及未观测经济误差等三类。第一类，统计口径差异包括住户调查与国民核算得到的住户收入在指标口径等方面存在各种差异；第二类，非抽样误差包括我国现有城乡住户调查实践本身中存在未应答率较高、农民工调查数据质量不高、自有住房租金折算率依赖间接估算、高收入住户样本严重缺失等因素；第三类，未观测经济误差包括与未观测经济有关的收入和支出瞒报、漏报等因素。以此为基础，我们对本书的研究内容设计为三个主要部分（不含绪论）。

1. 住户调查体系下中国住户收入统计的改革与发展

20世纪后半期以来，随着联合国等国际组织对国际统计标准制定工作和统计数据国际比较工作的不断推进，世界范围内住户调查统计工作逐步向国际标准趋同，统计数据的国际可比性日益增强。本部分主要从国际上对住户调查方法的规范和发展历程、中国住户调查的主要发展历程、中国住户调查收支指标体系的主要变化以及1978—2017年中国住户调查住户收支数据调整结果统计分析等方面对住户调查体系下中国住户收入统计的改革与发展情况进行系统分析。

2. 国民账户体系下中国住户收入统计的改革与发展

为了更好地理解国民账户体系下住户收入核算的内在逻辑，有必要对国民账户体系的来龙去脉，包括我国应用国民账户体系、实行中国国民经济核算体系的历程和现状有清晰的了解。本部分主要从国民账户体系的发展历程、国民账户体系在中国的应用和发展历程、中国资金流量表（非金融交易）的编制情况以及中国资金流量表（非金融交易）编制方法等方面对国民账户体系下中国住户收入统计的改革与发展进行系统分析。

3. 住户调查与国民核算住户收入统计口径的差异分析

统计口径差异的调整涉及众多内容。收入调整方面主要涉及单位社会保险付款、生产性固定资产、投资收入、居民自有住房增加值、财产收入的支付、金融企业分摊的虚拟服务费、生产补贴、对外转移支付、实物收入等方面。本部分将以国民核算口径为基准对造成统计口径差异的各种因素做数据上的分析和估算，并以此为依据对住户调查得到的住户收入历史数据进行调整，时间区间为2000—2016年。

由于调整后中国住户收入与国民核算数据之间仍然存在差异。但是差异的成分发生了变化。考虑到已经对住户调查体系下中国住户收入未观测差异进行调整，调整后的差异将主要表现在国民核算数据中存在的未观测经济差异方面。本部分将完成对前面三部分内容所做调整的合并，并将调整前后中国住户收入与国民核算数据进行比较分析。

（四）基本研究观点

1. 住户调查与国民核算住户收入之间存在三方面的主要差异

从方法、口径、测量误差等角度来看，中国住户调查与国民核算得到的住户收入统计之间的差异主要包括统计口径差异、非抽样误差以及未观测经济偏差等三个方面。

2. 住户调查与国民核算住户收入统计之间的差异急需解决

住户调查体系与国民核算体系差异造成了宏微观层面住户收入分析之间的不协调和不匹配，是经济统计需要解决的重要问题。

（五）基本研究思路

本课题的研究思路体现为"一总三分"。

1. "一总"

从方法、口径、测量误差等角度对中国住户调查与国民核算得到的住户收入统计之间的差异进行分析和探讨，将造成两者之间系统性差异的原因分为统计口径差异、非抽样差异以及未观测经济差异等三个方面。

2. "三分"

分别就统计口径差异、非抽样差异以及未观测经济差异三方面的差异对住户调查得到的住户收入统计进行调整和修正。

（六）主要研究方法

本课题拟采取的研究方法主要包括：

1. 文献研究法

本课题需要对相关领域文献进行较为详尽的研究分析，并在本课题甄别各种差异和进行调整的过程中加以运用。因此文献研究法是贯穿整个课题都适用的基本研究方法。

2. 交叉对比法

本课题在对住户调查与国民核算之间统计口径差异进行研究的过程中，将主要运用交叉对比方法以获得两者之间在统计口径上的主要差异。

（七）主要创新之处

1. 将国外已有研究应用到对中国住户调查住户收入差异的研究

国外已有研究难以完全适用于中国，而是需要进行专门的研究。本课题是将国外已有研究成果应用到中国住户调查住户收入统计分析的一次尝试。

2. 以国民核算为基准对中国住户调查住户收入的差异进行调整

当前，《堪培拉专家手册》等国际性住户调查标准与国民核算正在逐步趋同，以减少微观数据和宏观数据之间的融合困难，而我国也正在推动住户调查标准与国际趋同的工作。本课题以国民核算为基准对中国住户调查住户收入的差异进行调整体现了这一国内外统计标准发展的趋势。

二、住户调查体系下中国住户收入统计的改革与发展

住户调查是以家庭为对象,使用抽样调查方法,为搜集各种社会经济统计资料而组织的各种调查的总称,是目前各国官方统计工作的重要组成部分。世界范围内住户调查始于 18 世纪末,最初的住户调查主要是英国等国民间开展的统计调查工作,到 19 世纪末,欧美各国官方先后开始实施住户调查,住户调查也逐渐成为政府官方调查的重要组成部分(庞新生,2016)。从统计学上来看,住户调查总体大,通常需要采用抽样技术进行,对统计管理和数据采集能力要求高,是统计调查中专业性较高的领域。20 世纪后半期以来,随着联合国等国际组织对国际统计标准制定工作和统计数据国际比较工作的不断推进,世界范围内住户调查统计工作逐步向国际标准趋同,统计数据的国际可比性日益增强。

二、住户调查体系下中国住户收入统计的改革与发展

（一）国际上对住户调查方法的规范和发展历程

1. 《临时准则》制定和发布

在宏观层面，《临时准则》制定和发布与国民经济核算体系（SNA）的国际推广相同步，联合国非常重视微观住户调查工作的国际标准的制定和实施。1966年，联合国统计委员会第14届会议之后，联合国统计局逐步致力于制定一套涵盖住户收入、消费和财富积累的收入分配统计制度。这项工作与SNA和现在已经过时的国民经济平衡体系（System of Balances of the National Economy）都有联系，将成为一项重要的微观住户统计国际标准。

1972年，联合国统计委员会第17届会议通过了涵盖住户收入、消费和财富积累的全面分配统计体系的最后版本，并要求根据委员会讨论情况对最后版本进行进一步的修正和简化。

1974年，联合国统计委员会第18届会议以若干保留意见通过了涵盖住户收入、消费和财富积累的简化版分配统计体系草案，并认为该草案还需要进一步简化。

1977年，联合国统计局公布了《关于住户收入分配、消费和积累统计的临时准则》（United Nations，1977），简称《临时准则》。《临时准则》的目的是协助各国收集和发布收入分配统计数据，并为国际报告和公布可比数据提供便利。《临时准则》强调了将微观的住户收入分配统计与宏观的国家核算准则相结合的必要性。《临时准则》将与1968年《国民账户体系》同步进行修订

(Norrlof, 1985)。欧洲统计学家会议（CES）随后开始着手修订《临时准则》，并组织了一些关于家庭收入统计的工作会议和研讨会。在修订时，考虑到1968年《国民账户体系》的修订过程促进了对住户部门的概念性思考，特别是对收入概念的思考，专家们特别考虑了《临时准则》的修订与《国民账户体系》修订的相关性（United Nations, 1989）。不过，由于资源有限，《临时准则》的修订进展较为有限。

2. 推动住户调查能力建设和国际比较的尝试

随着国际统计数据需求的不断增长，1979年开始，联合国开始实施"联合国国家住户能力调查项目"（National Household Survey Capability Programme, NHSCP），旨在帮助发展中国家建立执行连续性综合住户抽样调查项目的能力，以搜集社会经济数据和人口数据。

同时，为了了解各国住户调查工作的情况，1981年，联合国统计局（United Nations, 1981; United Nations, 1985）公布了对各国收入分配统计的调查结果，调查结果的公布对各国了解国际住户调查工作的现状，推动各国住户调查工作逐步向国际可比和标准趋同方向发展都具有重要意义。

1983年，卢森堡收入研究所（LIS）成立，旨在解决来自不同国家的住户收入数据缺乏可比性的问题。LIS隶属于卢森堡人口、贫困和社会经济政策研究中心，收集了来自各种国家的住户记录数据，并根据一组共同的概念和定义对其进行了重新调整。

世界银行、联合国 OECD 等组织都在 20 世纪 90 年代发布了国际比较报告，但是根据所用的概念和数据来源不同，同一国家的相对排名可能非常不同。

1994 年，欧洲联盟统计局（Eurostat）与联合国欧洲经济委员会（UNECE）和 OECD 达成协议，承诺在修订 1977 年《临时准则》方面发挥重要作用。主要目标是根据经修订的《国民账户体系》和欧洲账户体系（ESA）以及自 1977 年以来与家庭收入统计（如隐性和非正式经济活动）有关的新发展情况，更新指导方针，并酌情扩大和调整指导方针，以满足经济和社会政策的分析需要。准则修订的地理范围限定为欧洲经济区的国家。欧盟统计局成立了欧洲共同体住户面板数据调查项目（ECHP）。本次调查的目的是在面板数据框架内对收入和其他与社会排斥有关的变量进行可比统计。ECHP 是欧盟（EU）最为协调一致的社会调查之一。该项目的一个主要特点是使用了一份普通的"蓝图"问卷，作为所有国家调查的起点。使用这一通用工具不仅确保了调查概念和内容的通用性，而且确保了调查操作的通用性。此外，在 1993 年 10 月举行第 15 届国际劳工统计学家会议（ICLS）后，国际劳工组织统计局（ILO）开始采取从就业角度改进收入统计的一些举措（如 Dupré，1997）。1998 年，第 16 届国际劳工大会通过了一项关于测度就业相关收入的决议（ILO，1998）。

1996 年 8 月，国际收入与财富研究协会（IARIW）第 24 次大会，举行了一次关于收入与财富分配国际标准的研讨会

(Smeeding, 1996)。本次研讨会的重点是对1977年发布的《临时准则》进行修订。研讨得出的一个主要结论是，从微观数据用户的角度来看，自上而下的宏观到微观的方法是不够的，宏观到微观和微观到宏观的统计视角都是有价值的，需要新的国际准则来解决这些问题。这次研讨会提出了一个明确的挑战。理论和应用的整合将是困难的，但并非不可能，对联合国临时准则的修订应同时满足这两个目的。然而，更广泛的利益群体需要参与讨论，特别是来自各国国家统计局的讨论，也需要来自其他国家和国际组织的讨论。因此，1996年堪培拉专家组在澳大利亚统计局的倡议下得以成立。该专家组的成立是为了解决国家和国际统计机构在住户收入分配统计领域面临的共同概念、定义和实际问题。它的工作是对这些统计数据的国际标准和准则进行修订。堪培拉专家组为在概念和方法问题上的专家意见提供了一个论坛。它由来自欧洲、北美和南美、亚洲、澳大利亚和新西兰国家统计局、政府部门和研究机构以及一些国际组织的住户收入统计专家组成。

3. 《堪培拉专家组手册》制定与修订

堪培拉专家组的工作取得了显著的成果。2001年，联合国欧洲经济委员会发布了由堪培拉专家组制定的《关于住户收入统计的堪培拉专家组手册》，简称为《堪培拉专家组手册》。这项倡议是为了回应人们日益认识到有必要解决各国国家统计局在住户收入分配统计领域面临的共同概念、定义和实际问题。该手册第一版显著提高了现有的关于住户收入统计数据的编制、传播和分析

<<< 二、住户调查体系下中国住户收入统计的改革与发展

的指导,并为各国和国际统计机构提供了重要参考。该专家组的建议对制定微观住户收入统计新的国际标准具有重大影响。比如,2003年,第17届国际劳工统计会议(ICLS)通过的经修订的住户收入统计国际标准在很大程度上遵循了堪培拉专家组提出的建议,引入欧盟收入和生活条件统计(EU-SILC)来取代ECHP。

2008年,欧洲统计学家会议(CES)对各国收入、生活条件和贫困的统计数据进行了深入评估。2009年,施蒂格利茨—森—菲图西(Stiglitz-Sen-Fitoussi)委员会报告——《经济表现和社会进步的测度报告》的发布进一步引起了人们对这项工作的重识,报告中提出了要重点关注住户视角和经济福利分配的建议。CES评估的结果是成立了一个小型国际工作团队,对2001年《堪培拉专家组手册》(第一版)进行部分更新。此次更新的目的是纳入住户收入统计领域的新发展,并扩大指导方针,以考虑到这些新发展。目的是帮助各国在住户层面实现收入概念和统计的更大协调。

正如2003年12月国际劳工统计会议(ICLS)通过的《关于住户收入统计标准的决议》(ILO,2004)所述,它对制定新的住户收入统计国际标准也具有重大影响。原则上,ICLS对住户收入的定义与2001年《堪培拉专家组手册》中的住户收入概念没有区别。ICLS标准在很大程度上也遵循了手册第一版提出的定义性建议。唯一的例外是非付费家庭服务的价值和住户耐用消费品的

服务价值。这些组成部分不包括在手册第一版的概念收入定义中，而是列为"未来问题"。在2011年完成修订的《堪培拉专家组手册》（第二版）中，这两个组成部分已包含在概念定义中，以符合2004年ICLS标准。《堪培拉专家组手册》为那些参与编制、传播或分析收入分配统计数据的人提供了综合参考。它反映了当前住户统计国际标准、建议的最佳实践。它还包含关于该统计领域相关国家做法的最新和扩展信息，并就质量保证和传播这些统计方法的最佳做法提供指导。

2017年，联合国欧洲经济委员会发布了《非付费家庭服务工作价值估算指南》（Guide on Valuing Unpaid Household Service Work），对非付费家庭服务工作的概念、价值估算等问题提出了意见和建议，进一步对住户收入统计相关问题的指导准则进行了完善（UNECE，2017）。

（二）中国住户调查的主要发展历程

1. 早期的城乡住户调查工作

新中国成立后，在1953年第一次全国人口普查的基础上，各地相继开展了农民家计调查和全国职工家计调查，我国从1954年和1955年先后开始运用抽样调查技术开展农村和城镇住户调查，因此我国住户调查从开始之初就被明确区分为城市住户调查和农村住户调查，与当时城乡管理和二元经济格局相适应。受"人民公社"运动和"文化大革命"冲击，我国城乡住户调查部分年份曾有所中断。我国早期的住户调查范围较窄，仅限于调查有户口、有收入的职工，调查的内容局限于现金收支（刘建平和罗薇，2016；庞新生，2016）。

2. 城乡住户调查工作的恢复和发展

改革开放后，我国城乡住户调查工作逐步恢复并迎来了制度上的完善和发展，调查内容也逐步得到丰富。

1983年，经国务院批准成立了从事农村社会经济调查的专业队伍——农村社会经济调查总队，简称"农调队"。农调队以对整个农村经济和农林牧渔业、农村住户收支及消费等状况进行统计和抽样调查作为其常规任务，同时针对农村社会经济发展中的新情况、新问题和新动向实施专项调查。农村住户调查的主要内容是：农村住户的生产、收入、消费、积累情况和社会活动情况调查，为国家指导农村工作、制定农村政策和制订国民经济发展计划提供依据。

同年，经国务院批准成立了从事城市经济调查的专业队伍——城市经济调查总队，简称"城调队"。城市住户调查的主要内容是：城市居民家庭人口、住房、就业、耐用消费品拥有、现金收支、消费支出、食品消费、非现金收入等情况调查，为国家制定劳动力就业、社会保障、货币流通、商品生产和供应等政策提供依据。

3. 2002年城市住户调查改革

国家城调队和农调队常年对城乡住户调查报表制度进行局部调整，部分年份调整内容较多。2001年，针对调查数据质量有待进一步提高、调查指标体系急需补充完善、居民家庭迁移频率增大，抽样框资料的真实性受到影响、调查样本的代表性不足、调查方式相对笨重，已不能被变化了的调查对象所接受等问题，城调总队在城市住户调查方法制度改革方面做了大量工作，初步形成了新的《城市住户调查方案》，该方案经国家统计局批准，于2002年1月1日开始正式实施。

方案明确改革的主要内容是：一是调查对象由原来的非农业住户改为城市市区和县城关镇区居委会内住户。将城市市区中较长期暂住户纳入城市住户调查范围。二是将住房、医疗、养老、失业等社会保障项目纳入城市居民生活调查范畴。删减部分食品、衣着和日用品支出细项，增加反映居民在住房、教育、交通、通信等方面的消费内容。调整收入和支出分类构成。三是对所有城市的调查户资料采用超级汇总方式，直接生成全国及分地区综合资料，充分开发住户调查资料的使用价值，提高调查整体效益，减少中间环节对调查数据质量的干扰。四是推出功能强大的数据处理程序，该程序能够开发出一系列可供分析研究的分类数据、表格、图形及上网资料，极大地减轻了数据处理的工作量，并有利于充分挖掘调查资料的使用价值。

4. 2013 年城乡一体化住户调查改革

国家统计局于 2001 年开始城乡住户调查一体化改革，2007 年在 4 个省的部分地区推行城乡住户一体化调查试点工作。2011 年国家统计局下发《关于全国城乡住户调查一体化改革总体方案》，对改革城镇住户调查和农村住户调查分别实施的做法，建立城乡一体的住户收支调查体系，进一步改进和加强住户调查工作等任务进行了部署。按照总体方案的表述，改革主要针对我国城乡住户调查中长期存在的两方面主要问题。一是受城乡二元结构制约，我国住户调查一直分城乡独立开展，城镇住户调查和农村住户调查的指标、标准、方法都不尽相同，城镇居民与农村居民的收支水平和结构等统计数据不完全可比，无法提供全体居民收支数据，难以精确测算全体居民内部的收入差距和支出结构。二是由于对农民工的城乡统计归类不尽合理、调查方法不够完善，对城镇居民自有住房折算收入与支出的统计不够完整，调查样本中高收入户比重不足，以及一些地方取消了户籍的城乡分类，亟须通过改革完善住户调查制度。2012 年将试点调查范围扩大到 7 个省。从 2013 年开始，国家统计局正式实施了城乡一体化住户调查，统一发布全体居民可支配收入和按常住地区分的城乡居民可支配收入。

改革的主要内容包括：

一是统一调查指标，完善调查内容。将统计农村居民人均纯收入改为统计农村居民人均可支配收入，设置农村、城镇和全体居民可支配收入指标,建立城乡可比的、以可支配收入指标为核心的居民收支指标体系。规范居民收支指标口径,改进自有住房折算租金统计,增加反映居民生活状况的指标和调查内容,细化政策性转移收支指标的分类,健全社会保障参与和受益情况、就业状况、社区环境以及收入分配影响因素等内容。改革后的城乡住户调查统称为全国住户生活状况调查。

二是统一抽样方法,提高样本代表性。依据全国统一的住户抽样框,按照统一的方法,对包括农民工在内的所有居民进行分层随机抽样,选取调查户,实现所有地域和人群不交叉、全覆盖。根据改革开放以来收入分配变化较大和人口大规模流动的现实,依据抽样理论测算,适当增加样本数量,调整样本地区分布,科学抽取样本,提高不同收入层次居民的代表性。

三是统一调查过程,规范调查行为。通过全国统一的调查网络,采用统一问卷和记账格式,对包括农民工在内的所有居民实施常住地调查,直接采集原始数据。健全住户调查数据质量控制体系,定期开展对住户调查数据质量的电话抽查、实地回访等。进一步加大对分市县住户调查的管理和监督检查力度。积极利用社保、税收、金融、工商等部门的行政记录资料,加强对调查样本构成和数据质量的评估。

四是统一数据处理,改进调查手段。加快现代信息技术应用,以住户电子记账和调查人员手持电子终端为依托,以网络直报为主渠道,以统一的数据处理平台为保障,努力实现住户所记收支账册或调查员现场采集的收支资料,通过网络直接报送国家统计局数据中心,实现各级统计机构按照权限共享基础数据。以调查手段的现代化,减轻调查对象的负担,促进调查对象的参与。

五是统一数据发布,丰富发布内容。在发布城镇居民和农村居民收支水平、结构及变化数据的基础上,按年度发布全体居民和不同收入层次居民的收支水平、结构及变化数据;居民收入中位数和基尼系数;城乡之间、地区之间、高低收入组之间(如以五等分法进行分层比较等)、农民工与输出地常住居民或输入地本地居民之间的收入差距数据。按季度发布现金收支水平、结构及变化数据。

(三) 中国住户调查收支指标体系的主要变化

1. 2012年及以前城乡住户调查收支指标体系

(1) 城镇住户调查收支指标体系

多年以来,城镇住户调查收支指标体系经过多次调整变化,因而事实上2012年及以前城镇住户调查收支指标体系也并非只有一个版本,但是各版本之间的变动相对较小,并非结构性变化较大的调整。具体而言,已有的相对稳定的版本主要包括1986—1987年城市住户调查、1988—1991年城市住户调查、1992—1996年城市住户调查、1997—2001年城市住户调查、2002—2006年城镇住户调查等。

2012年及以前城镇住户调查收支指标均为现金口径。城镇住户收支以"期初手存现金"指标开始,以"期末手存现金"指标结束,整个收支指标体系以"期初手存现金+家庭总收入=家庭总支出+期末手存现金"为基本恒等式,记录的是城镇住户现金收支情况(参见表2-1)。为了确保现金收支的完整性,城镇住户调查收支中纳入了借贷收支、出售财物收入等指标,而这些指标在计算可支配收入时实际上无须使用。

表2-1　2012年及以前城镇住户调查收支指标体系

收入指标	支出指标
一、期初手存现金	五、家庭总支出
二、家庭总收入	(一)消费性支出
其中:可支配收入	(二)财产性支出
(一)工资性收入	1. 非生产性贷款利息支出
1. 工资及补贴收入	2. 其他财产性支出
2. 其他劳动收入	(三)转移性支出
(二)经营净收入	1. 个人所得税
(三)财产性收入	其中:来自经营净收入的个税
1. 利息收入	来自财产性收入的个税
2. 股息与红利收入	来自转移性收入的个税
3. 保险收益	2. 捐赠支出
4. 其他投资收入	3. 购买彩票
5. 出租房屋收入	4. 赡养支出
6. 知识产权收入	其中:在外就学子女费用
7. 其他财产性收入	5. 各种非储蓄性保险支出

二、住户调查体系下中国住户收入统计的改革与发展

续表

收入指标	支出指标
（四）转移性收入	其中：车辆保险支出
1. 养老金或离退休金	6. 其他转移性支出
2. 社会救济收入	（四）社会保障支出
其中：最低生活保障收入	1. 个人交纳的养老基金
3. 辞退金	2. 个人交纳的住房公积金
4. 赔偿收入	3. 个人交纳的医疗基金
5. 保险收入	4. 个人交纳的失业基金
其中：失业保险金	5. 其他社会保障支出
6. 赡养收入	（五）购房与建房支出
其中：来自城镇居民的赡养收入	1. 购房
7. 捐赠收入	2. 建房
其中：来自城镇居民的捐赠收入	六、借贷支出
8. 提取住房公积金	（一）存入储蓄款
9. 记账补贴	（二）借出款
10. 其他转移性收入	（三）归还借款
三、出售财物收入	（四）储蓄性保险支出
（一）出售住房收入	（五）购买有价证券
（二）出售其他物品收入	（六）其他投资支出
四、借贷收入	（七）归还住房贷款
（一）提取储蓄存款	（八）归还汽车贷款
（二）借入款	（九）归还教育贷款
（三）收回借出款	（十）归还其他贷款
（四）收回储蓄性保险本金	（十一）其他借贷支出
（五）兑售有价证券	七、期末手存现金
（六）收回投资本金	

27

续表

收入指标	支出指标
（七）住房贷款	
（八）汽车贷款	
（九）教育贷款	
（十）其他贷款	
（十一）其他借贷收入	

注：可支配收入 = 家庭总收入 - 交纳个人所得税 - 个人交纳的社会保障支出 - 记账补贴

资料来源：城镇住户调查方案（2011年统计年报和2012年定期报表）

（2）农村住户调查收支指标体系

与城镇住户调查不同，2012年及以前农村住户调查收支指标不仅含现金收支，也包含实物收支折合额，同时"纯收入"指标在农村住户调查中占有中心位置，是测度农村住户收入水平的核心指标（参见表2-2）。

表2-2　2012年及以前农村住户调查收支指标体系

收入指标	支出指标
一、总收入	二、总支出
（一）工资性收入	（一）家庭经营费用支出
1. 在非企业组织劳动得到	1. 第一产业支出
2. 在本地劳动得到	2. 第二产业支出
3. 常住人口外出从业得到	3. 第三产业支出
（二）家庭经营收入	（二）购置生产性固定资产支出

二、住户调查体系下中国住户收入统计的改革与发展

续表

收入指标	支出指标
1. 第一产业收入	（三）生产性固定资产折旧
2. 第二产业收入	（四）税费支出
3. 第三产业收入	1. 第一产业纳税
（三）财产性收入	2. 第二产业纳税
（四）转移性收入	3. 第三产业纳税
三、纯收入	4. "一事一议"筹资
（一）工资性收入	5. 其他各项收费
1. 在非企业组织中劳动得到	（五）生活消费支出
2. 在本地劳动得到	1. 食品
3. 常住人口外出从业得到	2. 衣着
（二）家庭经营纯收入	3. 居住
1. 第一产业纯收入	4. 家庭设备、用品及服务
2. 第二产业纯收入	5. 医疗保健
3. 第三产业纯收入	6. 交通通信
（三）财产性收入	7. 文教娱乐用品及服务
（四）转移性收入	8. 其他商品和服务
四、可支配收入	（六）财产性支出
	（七）转移性支出

注：纯收入＝总收入－家庭经营费用支出－税费支出－生产性固定资产折旧－赠送农村内部亲友；可支配收入＝总收入－家庭经营费用支出－税费支出－生产性固定资产折旧－财产性支出－转移性支出

资料来源：农村住户调查方案（2010年统计年报和2011年定期报表）

2. 2013年以来住户收支与生活状况调查收支指标体系

2013年以来住户收支与生活状况调查收支指标不再包含借贷收支、出售财物收入等指标，从表式上与2012年及以前相比更加精简和集中（参见表2-3）。

表2-3 2013年以来住户收支与生活状况调查收支指标体系

可支配收入	居民消费支出
一、工资性收入	一、食品烟酒
二、经营净收入	（一）食品
（一）第一产业净收入	（二）烟酒
1. 农业	（三）饮料
2. 林业	（四）饮食服务
3. 牧业	二、衣着
4. 渔业	（一）衣类
（二）第二产业净收入	（二）鞋类
（三）第三产业净收入	三、居住
三、财产净收入	（一）租赁房房租
（一）利息净收入	（二）住房维修及管理
（二）红利收入	（三）水、电、燃料及其他
（三）储蓄性保险净收益	（四）自有住房折算租金
（四）转让承包土地经营权租金净收入	四、生活用品及服务
（五）出租房屋净收入	（一）家具及室内装饰品
（六）出租其他资产净收入	（二）家用器具
（七）自有住房折算净租金	（三）家用纺织品
（八）其他	（四）家庭日用杂品
四、转移净收入	（五）个人护理用品

续表

可支配收入	居民消费支出
(一) 转移性收入	(六) 家庭服务
1. 养老金或离退休金	五、交通通信
2. 社会救济和补助	(一) 交通
3. 惠农补贴	(二) 通信
4. 政策性生活补贴	六、教育文化娱乐
5. 报销医疗费	(一) 教育
6. 外出从业人员寄回带回收入	(二) 文化和娱乐
7. 赡养收入	七、医疗保健
8. 其他经常转移收入	(一) 医疗器具及药品
(二) 转移性支出	(二) 医疗服务
1. 个人所得税	八、其他用品及服务
2. 社会保障支出	(一) 其他用品
3. 外来从业人员寄给家人的支出	(二) 其他服务
4. 赡养支出	
5. 其他经常转移支出	

资料来源：住户收支与生活状况调查方案（2018年统计年报和2019年定期报表）

3. 城乡一体化住户调查改革前后收支指标口径对比

正如许宪春（2019）所论述的那样，2012年开始实施的城乡住户调查一体化改革主要解决了城乡住户调查指标一致性和统一性、农民工城乡划分、住户调查样本对农民工的代表性、抽样方法和调查方式的统一性四方面的问题。具体而言，将2013年前后住户调查收支指标进行对比，结合部分已有的研究成果如王正艳和蔡月祥（2013）、许宪春（2014），不难发现城乡一体化住户调查改革前后收支指标主要有如下变化（参见表2-4）：

（1）收支指标总的变化

——可支配收入成为农村、城镇和全体居民收入统一的核心指标。城乡一体化住户调查将2012年及以前的城乡住户调查中的农村居民"人均纯收入"改为"人均可支配收入"。可支配收入指调查户在调查期内获得的、可用于最终消费支出和储蓄的总和，即调查户可以用来自由支配的收入。可支配收入既包括现金，也包括实物收入。按照收入的来源，可支配收入包含四项，分别为：工资性收入、经营净收入、财产净收入和转移净收入。计算公式为：可支配收入＝工资性收入＋经营净收入＋财产净收入＋转移净收入。其中：经营净收入＝经营收入－经营费用－生产性固定资产折旧－生产税，财产净收入＝财产性收入－财产性支出，转移净收入＝转移性收入－转移性支出。

——统一纳入实物收支。在2012年及以前城乡住户调查中，农村居民人均纯收入包含实物收入折价，城镇居民人均可支配收入不包括实物收入折价，城镇居民人均消费支出也不包括实物支出，城乡一体化改革后将实物收入纳入可支配收入，实物支出纳入消费支出。

——针对性地完善了农民工收支统计。2012年及以前城乡住户调查中，住户中外出农民工人数计入农村住户常住人口中，但只有寄带回家的收入计入农村住户收入中，在外花掉的收入没有计入农村住户收入和支出中，这样导致了大多数住户调查都是由农村户籍地的家人代为回答，收支统计不够完整，即使统计完整，归类也不科学。城乡一体化改革后，对农民工的收支调查从在输出地对其家庭进行调查改为在务工地直接对其本人进行调查，将外出农民工从农村常住人口中去掉，仍将农民工寄带回家的收入计入农村住户收入。

——明确和统一非收入所得的范围。2012年及以前城乡住户调查中，城镇住户调查仅有"出售财物收入"等指标，未明确"非收入所得"概念，但农村住户调查明确了"非收入所得"概念。城乡一体化住户调查沿用了农村住户调查中使用的"非收入所得"概念，将"非收入所得"明确为"出售资产所得""非经常性转移所得""其他非收入所得"三个类别。其中，出售资产所得主要包括出售住房、股票等金融资产的本金和溢价、拆迁征地补偿所得等，非经常性转移所得主要包括博彩、婚丧嫁娶礼金、遗产及一次性馈赠、一次性赔偿、提取住房公积金、调查补贴等。

（2）工资性收入的变化

——将部分实物收入统一纳入工资性收入。具体而言，城乡一体化调查将城镇住户调查中未包含的实物福利、自产自用的实物收入统一纳入工资性收入中。

——将"一次性辞退金"调入工资性收入。城镇住户调查将"一次性辞退金"纳入转移性收入之中，但城乡一体化住户调查将其调入了工资性收入。

——将单位缴纳的各种社会保障费纳入工资性收入。2012年及以前城乡住户调查均未将社会保障缴款中由单位缴纳的部分纳入收入统计，城乡一体化住户调查统一将其纳入工资性收入中。

——许宪春（2014）根据城乡一体化住户调查实施初期的调查方案，将养老金或离退休金调入工资性收入、报销医疗费纳入工资性收入作为重要变化。但是后期，在对城乡一体化住户调查方案进行修订时，已经将养老金或离退休金以及报销医疗费调回到转移性收入中。

（3）经营净收入的变化

——许宪春（2014）根据城乡一体化住户调查实施初期的调查方案，将出租房屋净收入、出租其他资产净收入以及惠农补贴调入经营净收入作为重要变化。但是后期，2015年在对城乡一体化住户调查方案进行修订时，已经将上述三者调回，其中出租房屋净收入、出租其他资产净收入仍然调回到财产净收入，惠农补贴则调回到转移净收入中。

（4）财产净收入的变化

——将自有住房折算净租金纳入住户可支配收入中的财产净收入。城乡一体化住户调查将自有住房折算净租金作为一种实物收入纳入财产性收入之中。其中，自有住房折算净租金指现住房产权为自有住房（含自建住房、自购商品房、自购房改住房、自购保障性住房、拆迁安置房、继承或获赠住房）的住户为自身消费提供住房服务的折算价值扣除折旧后得到的净租金。自有住房折算净租金的计算方法为：自有住房折算净租金＝自有住房折算租金－购建房年度分摊成本。由于大多数的农村区域并不存在住房交易市场，难以对其进行估值，一般就认为农村居民的房屋市场价值等同于当年的建房价格，折算后的净租金为零。因此，在实际操作中仅针对城镇居民计算自有住房折算净租金，将农村住户自由住房折算净租金视为零。

——将财产转让溢价部分从财产净收入中调出，作为非收入所得。2012年及以前城乡住户调查尽管将出售财物所得从财产净收入中独立出来，却把财产转让中的溢价部分计入财产净收入。由于这部分溢价实质为资产价格变化所带来的，不应计入财产净收入，因此城乡一体化住户调查中将这一部分从财产净收入中剔除出去。

（5）转移净收入的变化

——将报销医疗费纳入转移性收入。2012年及以前城乡住户调查未将报销医疗费作为可支配收入的一部分，其中农村住户调查将报销医疗费作为非收入所得，城乡一体化住户调查将该指标纳入可支配收入下的转移性收入。

——将部分转移性收入指标调入非收入所得。2012年及以前城镇住户调查将"记账补贴""保险收入""提取住房公积金"纳入"转移性收入"的范围，在城乡一体化住户调查中将"调查补贴"（即原"记账补贴"）、"保险收入"和"提取住房公积金"

计入"非收入所得"。

——将单位缴纳的各种社会保障费纳入转移性支出。2012年及以前城乡住户调查不包含单位缴纳的各种社会保障费，在将单位缴纳的各种社会保障费纳入工资性收入的同时，也应该相应地将该部分收入计入转移性支出，否则在汇总可支配收入时将发生系统性偏误。

——将外来从业人员寄给家人的支出纳入转移性支出。2012年及以前城乡住户调查未将外来从业人员纳入统计范围，而城乡一体化住户调查将其纳入统计范围后，就需要对外来从业人员寄给家人的支出进行统计并纳入转移性支出，从而避免重复统计。

——将城镇住户实物赡养支出纳入赡养支出。2012年及以前城乡住户调查未将实物赡养支出计入赡养支出指标之中，而城乡一体化住户调查统一将其纳入赡养支出，使得赡养支出指标得以城乡统一并内容完整。

——将购买非储蓄性保险支出指标调出转移性支出。2012年及以前城乡住户调查将"各种非储蓄性保险支出"（城镇）或"购买非储蓄性保险"（农村）作为转移性支出的一部分，在城乡一体化住户调查中将"各种非储蓄性保险支出"（城镇）或"购买非储蓄性保险"（农村）调出了转移性支出，调入独立的"商业保险支出"指标中。

(6) 消费支出的变化

——将自有住房折算租金纳入住户消费支出。城乡一体化住户调查将自有住房折算租金作为一种实物消费支出纳入居民住房消费支出。自有住房折算租金主要是依据自有住房的市场估值和使用年限进行折算，而购建房年度分摊成本是按照购建房的价格和相应的年折旧率进行计算。考虑到很多地方还不存在规范和成熟的房屋租赁市场，目前自有住房折算租金采用折旧法计算。具体方法是：自有住房折算租金＝自有住房市场现价估值×年折旧率（城乡不同）。

——将报销医疗费支出纳入医疗服务支出中。2012年及以前城乡住户调查未将报销医疗费支出计入医疗服务支出指标之中，从而也不是消费支出的一部分，而城乡一体化住户调查统一将其纳入医疗服务支出。

表2-4 城乡一体化前后住户调查收支指标体系对比

城乡一体化住户调查收支指标	城镇住户调查收支指标	农村住户调查收支指标
收入指标		
可支配收入		
一、工资性收入		
（一）工资		
其中：计时计件劳动报酬		
奖金		
补贴		

续表

城乡一体化住户调查收支指标	城镇住户调查收支指标	农村住户调查收支指标
现金福利		
加班工资或专门津贴		
特殊环境下工作而获得的津贴		
出国津贴		
假期工资		
激励性专项奖金或现金奖励		
佣金、赏金或小费		
单位代扣社保和公积金缴款		
单位在工资中代扣的消费支出或借款		
(二) 实物福利	不包含	
其中：实物产品		
服务折价		
单位缴纳的消费支出		
单位报销的消费支出		
单位自身生产并免费提供的货物与服务		
(三) 自产自用的实物收入	不包含	
(四) 其他		
其中：一次性辞退金	不包含	不包含
激励性股票和期权		

二、住户调查体系下中国住户收入统计的改革与发展

续表

城乡一体化住户调查收支指标	城镇住户调查收支指标	农村住户调查收支指标
调动工作的安家费		
创造发明奖、自然科学奖和科学技术进步奖		
支付给运动员、教练员的奖金		
稿费、翻译费、设计费、讲课费、咨询费等劳动报酬		
单位缴纳的各种社会保障费	不包含	不包含
二、经营净收入		
三、财产净收入		
（一）利息净收入		
（二）红利收入		
（三）储蓄性保险净收益		
（四）转让承包土地经营权租金净收入		
（五）出租房屋净收入	曾列入经营性收入，后调入财产性收入；一体化后曾短暂调入经营性收入，后于2015年调回	一体化后曾短暂调入经营性收入，后于2015年调回
（六）出租其他资产净收入	曾列入经营性收入，后调入财产性收入；一体化后曾短暂调入经营性收入，后于2015年调回	一体化后曾短暂调入经营性收入，后于2015年调回

续表

城乡一体化住户调查收支指标	城镇住户调查收支指标	农村住户调查收支指标
（七）自有住房折算净租金	不包含	不包含
（八）其他	额外包含财产转让溢价部分收入	额外包含财产转让溢价部分收入
四、转移净收入		
（一）转移性收入		
1. 养老金或离退休金	一体化后曾短暂调入工资性收入，后调回	一体化后曾短暂调入工资性收入，后调回
2. 社会救济和补助		
3. 惠农补贴	一体化后曾短暂调入经营性收入，后于2015年调回	一体化后曾短暂调入经营性收入，后于2015年调回
4. 政策性生活补贴		
5. 报销医疗费	不包含，一体化后曾短暂纳入工资性收入	不包含，一体化后曾短暂纳入工资性收入
6. 外出从业人员寄回带回收入		
7. 赡养收入		
8. 其他经常转移收入	额外包含辞退金、保险收入、提取住房公积金、记账补贴	额外包含辞退金、保险收入、提取住房公积金、调查补贴
其中：经常性捐赠收入		
经常性赔偿收入		

二、住户调查体系下中国住户收入统计的改革与发展

续表

城乡一体化住户调查收支指标	城镇住户调查收支指标	农村住户调查收支指标
失业保险金		
亲友搭伙费		
（二）转移性支出		
1. 个人所得税		
2. 社会保障支出	不包含单位缴纳的各种社会保障费	不包含单位缴纳的各种社会保障费
3. 外来从业人员寄给家人的支出	不包含	不包含
4. 赡养支出	不包含实物赡养支出	
5. 其他经常转移支出	额外包含各种非储蓄性保险支出	额外包含购买非储蓄性保险
其中：经常性捐赠支出		
经常性赔偿支出		
政府收取的服务费支出		
缴纳工会费、党费、团费以及学会团体组织费支出		
消费支出指标		
居民消费支出	不包含实物消费支出	
一、食品烟酒		
（一）食品		
（二）烟酒		
（三）饮料		
（四）饮食服务		

41

续表

城乡一体化住户调查收支指标	城镇住户调查收支指标	农村住户调查收支指标
二、衣着		
（一）衣类		
（二）鞋类		
三、居住		
（一）租赁房房租		
（二）住房维修及管理		
（三）水、电、燃料及其他		
（四）自有住房折算租金	不包含	不包含，但包含农村居民购买生活用房支出等项资本性支出
四、生活用品及服务		
（一）家具及室内装饰品		
（二）家用器具		
（三）家用纺织品		
（四）家庭日用杂品		
（五）个人护理用品		
（六）家庭服务		
五、交通通信		
（一）交通		
（二）通信		
六、教育文化娱乐		
（一）教育		
（二）文化和娱乐		
七、医疗保健		

续表

城乡一体化住户调查收支指标	城镇住户调查收支指标	农村住户调查收支指标
（一）医疗器具及药品		
（二）医疗服务	不包含报销医疗费	不包含报销医疗费
八、其他用品及服务		
（一）其他用品		
（二）其他服务		

资料来源：作者分析整理

（四）1978—2017年中国住户调查住户收支数据调整结果分析

1. 城乡一体化前后住户调查收支数据调整方案

基于前文对城乡一体化前后住户调查收支指标变化的分析，我们可以初步形成一个对城乡一体化前后住户调查收支数据进行调整的方案（参见2-5），并根据该调整方案，以现行的城乡一体化住户调查收支指标体系为基础，对1978—2017年中国住户调查收支数据进行历史追溯调整。值得注意的是，这一调整方案是对主要变动进行的调整，而实际需要进行的调整涉及的细目往往更多。

表 2-5 城乡一体化前后住户调查收支数据调整方案

城乡一体化住户调查收支指标	城镇住户调查收支指标	农村住户调查收支指标
收入指标		
可支配收入		
一、工资性收入	估算并增加一体化改革前所有年份"实物福利""自产自用的实物收入";增加一体化改革前所有年份"一次性辞退金"和"单位缴纳的各种社会保障费"	增加一体化改革前所有年份"一次性辞退金"和"单位缴纳的各种社会保障费"
二、经营净收入	扣减一体化改革前部分年份"出租房屋净收入"和"出租其他资产净收入"	
三、财产净收入	增加一体化改革前部分年份"出租房屋净收入"和"出租其他资产净收入";增加一体化改革前所有年份"自有住房折算净租金";扣减一体化改革前所有年份"财产转让溢价部分收入"	扣减一体化改革前所有年份"财产转让溢价部分收入"
四、转移净收入		
(一) 转移性收入	增加一体化改革前所有年份"报销医疗费";扣减一体化改革前所有年份"辞退金""保险收入""提取住房公积金""记账补贴"	增加一体化改革前所有年份"报销医疗费";扣减一体化改革前所有年份"辞退金""保险收入""提取住房公积金""调查补贴"

续表

城乡一体化住户调查收支指标	城镇住户调查收支指标	农村住户调查收支指标
（二）转移性支出	增加一体化改革前所有年份"单位缴纳的各种社会保障费"；估算并增加一体化改革前所有年份"外来从业人员寄给家人的支出""实物赡养支出"；扣减一体化改革前所有年份"各种非储蓄性保险支出"	增加一体化改革前所有年份"单位缴纳的各种社会保障费"；估算并增加一体化改革前所有年份"外来从业人员寄给家人的支出"；扣减一体化改革前所有年份"购买非储蓄性保险"
消费支出指标		
居民消费支出	估算和增加一体化改革前所有年份"实物消费支出"	
一、食品烟酒		
二、衣着		
三、居住	估算和增加一体化改革前所有年份"自有住房折算租金"	估算和增加一体化改革前所有年份"自有住房折算租金"；扣减一体化改革前所有年份农村居民购买生活用房支出等项资本性支出
四、生活用品及服务		
五、交通通信		
六、教育文化娱乐		

续表

城乡一体化住户调查 收支指标	城镇住户调查 收支指标	农村住户调查 收支指标
七、医疗保健	增加一体化改革前所有年份"报销医疗费"	增加一体化改革前所有年份"报销医疗费"
八、其他用品及服务		

资料来源：作者分析整理

2. 城乡一体化前后住户调查收支数据调整结果

对 1978 年以来城乡住户调查收支数据进行历史调整是一项非常繁复但意义重大的工作。近年来，随着城乡一体化住户调查工作的实施，国家统计局也在保障时间序列数据可比性方面做了一系列工作。其中包括在"十二五"时期继续发布老口径的城镇居民可支配收入、农村居民纯收入等举措，同时也在推进对历史数据的清理以按照先行城乡一体化住户调查收支指标口径对历史数据进行调整。2018 年年底出版的《中国住户调查年鉴－2018》则将这一历史数据清理和调整的结果进行了公布。该年鉴公布的数据起止时间为 1978—2017 年，公布的调整结果主要是可支配收入及其大类明细、居民消费支出及其大类明细，其中大类明细数据的起止时间均为 1998—2017 年，2013—2017 年住户收支及大类明细数据来源于住户收支与生活状况调查，1998—2012 年数据根据历史数据按照新口径推算获得。（参见表 2－6、表 2－7、表 2－8）。

<< 二、住户调查体系下中国住户收入统计的改革与发展

表 2-6 1978—2017 年全体居民住户调查收支情况

年份	人均可支配收入（元）	一、工资性收入	二、经营净收入	三、财产净收入	四、转移净收入	人均消费支出（元）	一、食品烟酒支出	二、衣着支出	三、居住支出	四、生活用品及服务支出	五、交通通信支出	六、教育文化娱乐支出	七、医疗保健支出	八、其他用品及服务支出
1978	171.2					151								
1979	206.6													
1980	246.8					210.7								
1981	279.3					244.4								
1982	326.1					273.2								
1983	364.9					304								
1984	423.6					339.5								
1985	478.6					401.8								
1986	540.8					465.3								
1987	599.2					521.4								
1988	708.9					638.6								
1989	804					712.4								
1990	903.9					768								

47

续表

年份	人均可支配收入（元）	一、工资性收入	二、经营净收入	三、财产净收入	四、转移净收入	人均消费支出（元）	一、食品烟酒支出	二、衣着支出	三、居住支出	四、生活用品及服务支出	五、交通通信支出	六、教育文化娱乐支出	七、医疗保健支出	八、其他用品及服务支出
1991	975.8					844.5								
1992	1125.2					937.1								
1993	1385.1					1145								
1994	1869.6					1539.8								
1995	2363.3					1957.1								
1996	2813.9					2287.6								
1997	3069.8					2436.8								
1998	3254.1	1739.7	1030	67.5	416.9	2516.2	1208	224.7	307.1	174	108.7	194.7	212.9	86.2
1999	3484.7	1901.3	1011.5	71.3	500.6	2657.9	1210	225.4	334.7	191.8	129.6	223	244.9	98.5
2000	3721.4	2039.8	1019	84.2	578.4	2914	1231.2	238	419.2	184.3	210.9	365.8	173.2	91.4
2001	4070.4	2254.6	1038.3	94.1	683.4	3138.8	1270.1	256.5	448.1	214.3	237.3	387	193.2	132.4
2002	4531.6	2697.6	1067.2	83.8	683	3547.7	1390.9	285.4	527.3	202.1	315.4	487.1	236.5	103
2003	5006.7	3060.9	1122.4	118.6	704.8	3888.6	1482.8	310.1	605.9	215.5	377.5	527.5	267.8	101.6
2004	5660.9	3451.8	1277	150.9	781.2	4395.3	1703.8	339.3	674.2	223.6	449.6	585.9	305.2	113.8

续表

二、住户调查体系下中国住户收入统计的改革与发展

年份	人均可支配收入（元）	一、工资性收入	二、经营净收入	三、财产净收入	四、转移净收入	人均消费支出（元）	一、食品烟酒支出	二、衣着支出	三、居住支出	四、生活用品及服务支出	五、交通通信支出	六、教育文化娱乐支出	七、医疗保健支出	八、其他用品及服务支出
2005	6384.7	3859.3	1410.1	192.7	922.6	5035.4	1876.7	404.1	796.2	257.7	547.4	657.2	365.7	130.6
2006	7228.8	4426.1	1511.2	259.7	1031.8	5634.4	2002.4	459.4	980.3	293.2	640	717.9	394.8	146.4
2007	8583.5	5222.4	1710.9	402	1248.3	6591.9	2346.1	538.6	1176.3	359.3	761.7	787.4	451.9	170.5
2008	9956.5	5840.6	2081.7	484.4	1549.8	7547.7	2740.7	600.7	1453.7	418.1	808.3	814.3	519.2	192.6
2009	10977.5	6480.6	2154.1	588.9	1753.8	8376.6	2874.9	666.4	1698	486.2	953.5	895.6	585.5	216.5
2010	12519.5	7319.9	2402.2	778.4	2019	9378.3	3136.8	759.1	1927.9	569	1129.6	999.9	625.2	230.8
2011	14550.7	8313.1	2845.8	1047.4	2344.5	10819.6	3632.6	902.6	2198.7	674.6	1258.8	1136.2	743.7	272.4
2012	16509.5	9378.9	3172.2	1231	2727.4	12053.7	3982.6	991.7	2479.9	741	1450.8	1261.8	838.4	307.5
2013	18310.8	10410.8	3434.7	1423.3	3042.1	13220.4	4126.7	1027.1	2998.5	806.5	1627.1	1397.7	912.1	324.7
2014	20167.1	11420.6	3732	1587.8	3426.8	14491.4	4493.9	1099.3	3200.5	889.7	1869.3	1535.9	1044.8	358
2015	21966.2	12459	3955.6	1739.6	3811.9	15712.4	4814	1164.1	3419.6	951.4	2086.9	1723.1	1164.5	389.2
2016	23821	13455.7	4217.7	1889	4259.1	17110.7	5151	1202.7	3746.4	1043.7	2337.8	1915.3	1307.5	406.3
2017	25973.8	14620.8	4501.8	2107.4	4744.3	18322.1	5373.6	1237.6	4106.9	1120.7	2498.9	2086.2	1451.2	447

资料来源：《中国住户调查年鉴—2018》

49

表2-7 1978—2017年城镇居民住户调查收支情况

年份	人均可支配收入（元）	一、工资性收入	二、经营净收入	三、财产净收入	四、转移净收入	人均消费支出（元）	一、食品烟酒支出	二、衣着支出	三、居住支出	四、生活用品及服务支出	五、交通通信支出	六、教育文化娱乐支出	七、医疗保健支出	八、其他用品及服务支出
1978	343.4					311.2								
1979	405													
1980	477.6					412.4								
1981	500.4					456.8								
1982	535.3					471								
1983	564.6					505.9								
1984	652.1					559.4								
1985	739.1					673.2								
1986	900.9					799								
1987	1002.1					884.4								
1988	1180.2					1104								
1989	1373.9					1211								
1990	1510.2					1278.9								

二、住户调查体系下中国住户收入统计的改革与发展

续表

年份	人均可支配收入（元）	一、工资性收入	二、经营净收入	三、财产净收入	四、转移净收入	人均消费支出（元）	一、食品烟酒支出	二、衣着支出	三、居住支出	四、生活用品及服务支出	五、交通通信支出	六、教育文化娱乐支出	七、医疗保健支出	八、其他用品及服务支出
1991	1700.6					1453.8								
1992	2026.6					1671.7								
1993	2577.4					2110.8								
1994	3496.2					2851.3								
1995	4283					3537.6								
1996	4838.9					3919.5								
1997	5160.3					4185.6								
1998	5418.2	4074.5	144.1	143.2	1056.3	4339.7	1918.4	477	434	356.1	203.7	255.7	501.3	193.3
1999	5838.9	4293.5	165.4	148.5	1231.5	4633.4	1914.1	474.1	511.8	393.8	241.9	306.7	571.1	219.9
2000	6255.7	4404.7	254.7	158.9	1437.3	5026.7	1940.1	486.3	679.6	371.7	414.5	650.9	320.7	162.8
2001	6824	4722.7	283.4	179.4	1638.5	5349.7	1979.5	515.3	696.4	436.1	442.3	669.6	348.6	262
2002	7652.4	5610	345.6	144.3	1552.4	6088.5	2216.2	563.6	841.6	385	599	867.5	437.5	178.2
2003	8405.5	6224.3	422.8	209	1549.3	6587.1	2337.3	600	997.1	404.2	682.5	890.4	484.2	191.3
2004	9334.8	6899.6	520.4	271	1643.8	7280.5	2608.9	640.5	1107.5	401.1	793.3	979.6	539.9	209.7

51

续表

年份	人均可支配收入（元）	一、工资性收入	二、经营净收入	三、财产净收入	四、转移净收入	人均消费支出（元）	一、食品烟酒支出	二、衣着支出	三、居住支出	四、生活用品及服务支出	五、交通通信支出	六、教育文化娱乐支出	七、医疗保健支出	八、其他用品及服务支出
2005	10382.3	7456.3	719.3	351.7	1855.1	8067.7	2786.4	737	1292.5	438	928.3	1033.3	615.3	237.1
2006	11619.7	8305.1	859.8	484.2	1970.5	8850.7	2948	818.2	1527.7	485.9	1056.2	1121.6	635.1	257.9
2007	13602.5	9560.8	998.2	757.9	2285.7	10195.7	3422.7	936.8	1761.8	586.2	1242.4	1234	719.3	292.5
2008	15549.4	10437.7	1546.6	904.8	2660.3	11489	3963.4	1029.1	2168.7	667	1278.4	1244.6	805.4	332.3
2009	16900.5	11333.1	1631.2	1087.8	2848.5	12557.7	4136.4	1119.4	2458.4	755.3	1502.7	1338.7	878.4	368.4
2010	18779.1	12372.2	1825.6	1414.2	3167	13820.7	4402	1242.2	2815.6	867	1753	1466.7	894.7	379.5
2011	21426.9	13673.4	2344.9	1902.7	3506	15554	5022.7	1426.5	3146	976.1	1889.2	1660.6	999.4	433.4
2012	24124.7	15246.8	2715	2231	3934	17106.6	5472.1	1535	3511	1060.9	2138.8	1810.2	1099.2	479.4
2013	26467	16617.4	2975.3	2551.5	4322.8	18487.5	5570.7	1553.7	4301.4	1129.2	2317.8	1988.3	1136.1	490.4
2014	28843.9	17936.8	3279	2812.1	4815.9	19968.1	6000	1627.2	4489.6	1233.2	2637.3	2142.3	1305.6	532.9
2015	31194.8	19337.1	3476.1	3041.9	5339.7	21392.4	6359.7	1701.1	4726	1306.5	2895.4	2382.8	1443.4	577.5
2016	33616.2	20665	3770.1	3271.3	5909.8	23078.9	6762.4	1739	5113.7	1426.8	3173.9	2637.6	1630.8	594.7
2017	36396.2	22200.9	4064.7	3606.9	6523.6	24445	7001	1757.9	5564	1525	3321.5	2846.6	1777.4	651.5

资料来源：《中国住户调查年鉴-2018》

二、住户调查体系下中国住户收入统计的改革与发展

表 2-8　1978—2017 年农村居民住户调查收支情况

年份	人均可支配收入（元）	一、工资性收入	二、经营净收入	三、财产净收入	四、转移净收入	人均消费支出（元）	一、食品烟酒支出	二、衣着支出	三、居住支出	四、生活用品及服务支出	五、交通通信支出	六、教育文化娱乐支出	七、医疗保健支出	八、其他用品及服务支出
1978	133.6					116.1								
1979	160.2					134.5								
1980	191.3					162.2								
1981	223.4					190.8								
1982	270.1					220.2								
1983	309.8					248.3								
1984	355.3					273.8								
1985	397.6					317.4								
1986	423.8					357								
1987	462.6					398.3								
1988	544.9					476.7								
1989	601.5					535.4								
1990	686.3					584.6								

续表

年份	人均可支配收入（元）	一、工资性收入	二、经营净收入	三、财产净收入	四、转移净收入	人均消费支出（元）	一、食品烟酒支出	二、衣着支出	三、居住支出	四、生活用品及服务支出	五、交通通信支出	六、教育文化娱乐支出	七、医疗保健支出	八、其他用品及服务支出
1991	708.6					619.8								
1992	784					659								
1993	921.6					769.7								
1994	1221					1016.8								
1995	1577.7					1310.4								
1996	1926.1					1572.1								
1997	2090.1					1617.2								
1998	2171.2	571.5	1473.3	29.6	96.9	1603.8	852.5	98.4	243.6	82.8	61.1	164.2	68.6	32.6
1999	2229.1	625.6	1462.6	30	110.8	1604.4	834.5	92.7	240.2	84.1	69.8	178.4	71	33.7
2000	2282.1	696.7	1453	41.7	90.7	1714.3	828.6	97	271.3	77.9	95.3	203.9	89.4	50.8
2001	2406.9	763.5	1494.4	42.6	106.4	1803.2	841.5	100.2	298	80.3	113.4	216.4	99.3	54.1
2002	2528.9	828.6	1530.3	45	125	1917.1	861.2	106.9	325.6	84.7	133.4	243	107.5	54.7
2003	2690.3	904.9	1599.2	56.9	129.3	2049.6	900.5	112.5	339.3	86.9	169.7	280.1	120.3	40.5
2004	3026.6	979.7	1819.6	64.7	162.6	2326.5	1054.8	123.3	363.5	96.3	203.1	303.6	136.9	45.1

二、住户调查体系下中国住户收入统计的改革与发展

续表

年份	人均可支配收入（元）	一、工资性收入	二、经营净收入	三、财产净收入	四、转移净收入	人均消费支出（元）	一、食品烟酒支出	二、衣着支出	三、居住支出	四、生活用品及服务支出	五、交通通信支出	六、教育文化娱乐支出	七、医疗保健支出	八、其他用品及服务支出
2005	3370.2	1147	1930.9	72.8	219.5	2748.8	1190.7	153	421.9	121.7	260.1	373.7	177.5	50.3
2006	3731	1336.1	2030.1	80.8	284.1	3072.3	1249.2	173.5	544.3	139.7	308.5	396.3	203.3	57.5
2007	4327	1543	2315.3	100.1	368.5	3535.5	1433.1	200.9	679.8	166.9	354.1	408.7	225.1	67
2008	4998.8	1765.6	2556.1	111.7	565.4	4054	1656.9	221	819.9	197.4	391.6	433	265.6	68.7
2009	5435.1	1940	2643.5	122.1	729.5	4464.2	1694.5	242.6	986.5	234.4	439.5	480.9	311.5	74.3
2010	6272.4	2277.6	2977.6	144	873.3	4944.8	1874.2	277.1	1041.9	271.5	507.5	534	356.2	82.4
2011	7393.9	2734.1	3367.2	157.1	1135.5	5892	2185.8	357.3	1212.7	360.8	602.5	590.3	477.7	104.8
2012	8389.3	3123.5	3659.6	165	1441.2	6667.1	2394.7	412.5	1380.7	399.9	717.4	677.2	560.5	124.2
2013	9429.6	3652.5	3934.9	194.7	1647.5	7485.1	2554.4	453.8	1579.8	455.1	874.9	754.6	668.2	144.2
2014	10488.9	4152.2	4237.4	222.1	1877.2	8382.6	2814	510.4	1762.7	506.5	1012.6	859.5	753.9	163
2015	11421.7	4600.3	4503.6	251.5	2066.3	9222.6	3048	550.5	1926.2	545.6	1163.1	969.3	846	174
2016	12363.4	5021.8	4741.3	272.1	2328.2	10129.8	3266.1	575.4	2147.1	595.7	1359.9	1070.3	929.2	186
2017	13432.4	5498.4	5027.8	303	2603.2	10954.5	3415.4	611.6	2353.5	634	1509.1	1171.3	1058.7	200.9

资料来源：《中国住户调查年鉴-2018》

3. 城乡一体化前后住户调查收支数据统计分析

（1）历史数据调整所使用的城乡人口比例情况

考虑到《中国住户调查年鉴-2018》公布的历史数据调整结果未同步公布数据调整时所使用的城乡人口比例情况，我们可以对上述数据进行简单推算，在已知全体居民住户人均收支指标的情况下，不难得到推算结果（参见表2-9）。从推算结果与城镇人口比例的比对情况来看，1978—2010年两者均一致，显示国家统计局在对1978—2010年数据进行历史调整时使用的就是城乡常住人口统计数据，但2011—2017年两者存在差异，且差异逐步扩大，比如2017年城镇常住人口比例达到58.5%，但根据历史数据调整推算得到的城镇人口比例仅为54.6%，显示2011—2017年全体居民收支数据并非严格以城镇常住人口比例为依据进行汇总计算，而是由于使用城乡一体化的抽样方法（包括推动部分地区试点的2011—2012年在内），全体居民收支数据可以进行直接计算，而不需要根据城乡人均收支数据与城乡常住人口比例进行间接推算。

表2-9 1978—2017年历史调整所使用的城乡人口比例情况

年份	历史调整所使用的城镇人口比例	城镇常住人口比例	年份	历史调整所使用的城镇人口比例	城镇常住人口比例
1978	17.9%	17.9%	1998	33.4%	33.4%
1979	19.0%	19.0%	1999	34.8%	34.8%
1980	19.4%	19.4%	2000	36.2%	36.2%

二、住户调查体系下中国住户收入统计的改革与发展

续表

年份	历史调整所使用的城镇人口比例	城镇常住人口比例	年份	历史调整所使用的城镇人口比例	城镇常住人口比例
1981	20.2%	20.2%	2001	37.7%	37.7%
1982	21.1%	21.1%	2002	39.1%	39.1%
1983	21.6%	21.6%	2003	40.5%	40.5%
1984	23.0%	23.0%	2004	41.8%	41.8%
1985	23.7%	23.7%	2005	43.0%	43.0%
1986	24.5%	24.5%	2006	44.3%	44.3%
1987	25.3%	25.3%	2007	45.9%	45.9%
1988	25.8%	25.8%	2008	47.0%	47.0%
1989	26.2%	26.2%	2009	48.3%	48.3%
1990	26.4%	26.4%	2010	50.0%	50.0%
1991	26.9%	26.9%	2011	51.0%	51.3%
1992	27.5%	27.5%	2012	51.6%	52.6%
1993	28.0%	28.0%	2013	52.1%	53.7%
1994	28.5%	28.5%	2014	52.7%	54.8%
1995	29.0%	29.0%	2015	53.3%	56.1%
1996	30.5%	30.5%	2016	53.9%	57.4%
1997	31.9%	31.9%	2017	54.6%	58.5%

资料来源：历史调整所使用的城镇人口比例根据表2-6、表2-7、表2-8数据推算，城镇人口比例来自《中国统计年鉴-2018》

(2) 城镇居民住户收支及其大类明细新老口径数据对比情况

从城镇居民住户收支及其大类明细新老口径数据对比情况来看，主要有以下三方面的特点（参见表2-10）：一是1978—1997年新老口径收支相等，因而未进行调整。二是1998—2012年新口

径与老口径相比，人均可支配收入有所调低，人均消费支出有所调高，但调高或调低的比例都在3%以内，总的调整幅度不大。三是1997—2012年各收支大类明细均有所调整，其中人均可支配收入中以财产净收入调高幅度最大，且呈逐年递增趋势，2012年从老口径到新口径的调高幅度达到215.6%，转移净收入调低幅度最大，2012年从老口径到新口径的调低幅度达到38.2%；人均消费支出中以居住支出调高幅度最大，且总体上呈增加趋势，2012年从老口径到新口径的调高幅度达到136.5%，其他用品及服务支出调低幅度最大，2012年从老口径到新口径的调低幅度达到27.0%。对于城镇住户调查新老口径的上述变化，除了口径本身调整外，《中国住户调查年鉴-2014》中"城乡住户调查一体化改革有关情况说明"一文还特别进行了说明。该文以2013年新老口径数据差异为例，指出城镇常住居民人均收入新口径低于老口径的主要原因是："在城镇常住的农民工收入要低于城镇其他人口，这部分人口按城镇常住人口统计收入后，略微拉低了当年城镇居民收入水平数据。"以这一判断为基础，我们也可以进一步推断，1997—2002年城镇居民人均消费支出中绝大部分年份除居住支出新口径数据高于老口径外，其他大类明细支出新口径数据均低于老口径，其原因与收入的情况是相似的。

>> 二、住户调查体系下中国住户收入统计的改革与发展

表 2-10 1978—2017 年城镇住户调查收支数据新老口径对比情况

年份	人均可支配收入（元）	一、工资性收入	二、经营净收入	三、财产净收入	四、转移净收入	人均消费支出（元）	一、食品烟酒支出	二、衣着支出	三、居住支出	四、生活用品及服务支出	五、交通通信支出	六、教育文化娱乐支出	七、医疗保健支出	八、其他用品及服务支出
1978	0.0%					0.0%								
1979	0.0%													
1980	0.0%					0.0%								
1981	0.0%					0.0%								
1982	0.0%					0.0%								
1983	0.0%					0.0%								
1984	0.0%					0.0%								
1985	0.0%					0.0%								
1986	0.0%					0.0%								
1987	0.0%					0.0%								
1988	0.0%					0.0%								
1989	0.0%					0.0%								
1990	0.0%					0.0%								
1991	0.0%													

59

续表

年份	人均可支配收入（元）	一、工资性收入	二、经营净收入	三、财产净收入	四、转移净收入	人均消费支出（元）	一、食品烟酒支出	二、衣着支出	三、居住支出	四、生活用品及服务支出	五、交通通信支出	六、教育文化娱乐支出	七、医疗保健支出	八、其他用品及服务支出
1992	0.0%					0.0%								
1993	0.0%					0.0%								
1994	0.0%					0.0%								
1995	0.0%					0.0%								
1996	0.0%					0.0%								
1997	0.0%					0.0%								
1998	-0.1%					0.2%								
1999	-0.3%					0.4%								
2000	-0.4%	-1.7%	3.5%	23.8%	-0.2%	0.6%	-1.6%	-2.8%	20.2%	-0.7%	-2.9%	-2.8%	0.8%	-5.2%
2001	-0.5%	-2.2%	3.4%	33.3%	0.5%	0.8%	-2.4%	-3.4%	14.0%	15.9%	-10.4%	-9.1%	1.5%	40.4%
2002	-0.7%	-2.3%	4.0%	41.3%	-22.5%	1.0%	-2.4%	-4.6%	34.8%	-1.0%	-4.3%	-3.9%	1.7%	-9.0%
2003	-0.8%	-2.9%	4.7%	54.8%	-26.6%	1.2%	-3.3%	-5.9%	42.6%	-1.5%	-5.4%	-4.7%	1.7%	-11.1%
2004	-0.9%	-3.5%	5.4%	68.1%	-29.2%	1.4%	-3.7%	-6.7%	51.0%	-1.5%	-6.0%	-5.2%	2.2%	-12.7%
2005	-1.1%	-4.4%	5.8%	82.3%	-30.0%	1.6%	-4.4%	-7.9%	59.8%	-1.9%	-6.9%	-5.8%	2.4%	-14.7%

二、住户调查体系下中国住户收入统计的改革与发展

续表

年份	人均可支配收入（元）	一、工资性收入	二、经营净收入	三、财产净收入	四、转移净收入	人均消费支出（元）	一、食品烟酒支出	二、衣着支出	三、居住支出	四、生活用品及服务支出	五、交通通信支出	六、教育文化娱乐支出	七、医疗保健支出	八、其他用品及服务支出
2006	-1.2%	-5.3%	6.2%	98.4%	-32.0%	1.8%	-5.3%	-9.3%	69.0%	-2.5%	-7.9%	-6.8%	2.4%	-16.7%
2007	-1.3%	-6.6%	6.1%	117.5%	-32.5%	2.0%	-5.7%	-10.1%	79.4%	-2.6%	-8.5%	-7.2%	2.9%	-18.2%
2008	-1.5%	-7.6%	6.4%	133.8%	-32.3%	2.2%	-7.0%	-11.7%	89.3%	-3.6%	-9.8%	-8.4%	2.4%	-20.6%
2009	-1.6%	-8.5%	6.7%	151.9%	-36.9%	2.4%	-7.6%	-12.8%	100.0%	-4.0%	-10.7%	-9.1%	2.6%	-22.3%
2010	-1.7%	-9.7%	6.5%	171.8%	-37.8%	2.6%	-8.4%	-14.0%	111.4%	-4.5%	-11.6%	-9.9%	2.6%	-24.0%
2011	-1.8%	-11.3%	6.1%	193.2%	-38.6%	2.6%	-8.8%	-14.8%	123.9%	-4.6%	-12.1%	-10.3%	3.1%	-25.4%
2012	-1.8%	-12.0%	6.5%	215.6%	-38.2%	2.6%	-9.4%	-15.8%	136.5%	-4.9%	-12.9%	-11.0%	3.3%	-27.0%
2013	-1.8%													
2014	-1.8%													
2015	-1.9%													
2016														
2017														

注：国家统计局除2013—2015年仍发布老口径可支配收入数据外，2016—2017年不再发布老口径数据。表中百分比为新口径比老口径高或低的比例。

资料来源：《中国住户调查年鉴-2018》

61

(3) 农村居民住户收支及其大类明细新老口径数据对比情况

从农村居民住户收支及其大类明细新老口径数据对比情况来看，主要有以下三方面的特点（参见表2-11）：一是1978—1997年新老口径收支相等，因而未进行调整。二是1998—2012年新口径与老口径相比，人均可支配收入和人均消费支出均有所调高，且调高的幅度也较大。三是1998—2012年各收支大类明细均有所调整，其中人均可支配收入中以转移净收入调高幅度最大，2012年从老口径到新口径的调高幅度达到109.9%，财产净收入调低幅度最大，2012年从老口径到新口径的调低幅度达到33.8%；人均消费支出中以教育文化娱乐支出调高幅度最大，2012年从老口径到新口径的调高幅度达到52.0%，其他用品及服务支出调低幅度最大，2012年从老口径到新口径的调低幅度达到15.9%。对于农村住户调查新老口径的上述变化，除了口径本身调整外，《中国住户调查年鉴-2014》中"城乡住户调查一体化改革有关情况说明"一文还特别进行了说明。该文以2013年新老口径数据差异为例，指出农村常住居民人均收入新口径高于老口径的主要原因是："原来农民工按农村常住人口统计时，其人数已计入计算农村居民人均收入的分母，但由于相关资料是由仍在原籍的家人代报，作为分子的收入可能会漏报，故相对新口径而言，老口径数据稍低。"

二、住户调查体系下中国住户收入统计的改革与发展

表 2–11　1978—2017 年农村住户调查收支数据新老口径对比情况

年份	人均可支配收入（元）	一、工资性收入	二、经营净收入	三、财产净收入	四、转移净收入	人均消费支出（元）	一、食品烟酒支出	二、衣着支出	三、居住支出	四、生活用品及服务支出	五、交通通信支出	六、教育文化娱乐支出	七、医疗保健支出	八、其他用品及服务支出
1978	0.0%					0.0%								
1979	0.0%					0.0%								
1980	0.0%					0.0%								
1981	0.0%					0.0%								
1982	0.0%					0.0%								
1983	0.0%					0.0%								
1984	0.0%					0.0%								
1985	0.0%					0.0%								
1986	0.0%					0.0%								
1987	0.0%					0.0%								
1988	0.0%					0.0%								
1989	0.0%					0.0%								
1990	0.0%					0.0%								
1991	0.0%					0.0%								

续表

年份	人均可支配收入(元)	一、工资性收入	二、经营净收入	三、财产净收入	四、转移净收入	人均消费支出(元)	一、食品烟酒支出	二、衣着支出	三、居住支出	四、生活用品及服务支出	五、交通通信支出	六、教育文化娱乐支出	七、医疗保健支出	八、其他用品及服务支出
1992	0.0%					0.0%								
1993	0.0%					0.0%								
1994	0.0%					0.0%								
1995	0.0%					0.0%								
1996	0.0%					0.0%								
1997	0.0%					0.0%								
1998	0.4%					0.8%								
1999	0.9%					1.7%								
2000	1.3%	-0.8%	1.8%	-7.3%	15.1%	2.6%	1.0%	1.0%	5.0%	3.3%	2.4%	9.2%	2.1%	-3.2%
2001	1.7%	-1.1%	2.4%	-9.4%	21.0%	3.6%	1.3%	1.5%	6.8%	4.3%	3.1%	12.4%	2.8%	-4.1%
2002	2.2%	-1.4%	2.9%	-11.2%	27.3%	4.5%	1.5%	1.8%	8.5%	5.3%	3.8%	15.5%	3.5%	-5.2%
2003	2.6%	-1.5%	3.8%	-13.5%	33.6%	5.5%	1.6%	2.0%	10.0%	6.4%	4.4%	18.8%	3.9%	-5.8%
2004	3.1%	-1.9%	4.2%	-15.5%	40.8%	6.5%	2.2%	2.6%	12.1%	8.0%	5.5%	22.6%	4.8%	-6.6%
2005	3.5%	-2.3%	4.7%	-17.7%	48.9%	7.6%	2.5%	3.0%	14.0%	9.2%	6.2%	26.5%	5.6%	-7.7%
2006	4.0%	-2.8%	5.1%	-19.6%	57.1%	8.6%	2.6%	3.3%	16.1%	10.3%	6.8%	29.9%	6.2%	-8.9%

<<< 二、住户调查体系下中国住户收入统计的改革与发展

续表

年份	人均可支配收入（元）	一、工资性收入	二、经营净收入	三、财产净收入	四、转移净收入	人均消费支出（元）	一、食品烟酒支出	二、衣着支出	三、居住支出	四、生活用品及服务支出	五、交通通信支出	六、教育文化娱乐支出	七、医疗保健支出	八、其他用品及服务支出
2007	4.5%	-3.3%	5.5%	-21.9%	65.8%	9.7%	3.2%	3.9%	18.5%	11.9%	7.8%	33.7%	7.1%	-9.7%
2008	5.0%	-4.8%	4.9%	-24.6%	74.9%	10.7%	3.6%	4.3%	20.8%	13.4%	8.7%	37.7%	8.0%	-10.4%
2009	5.5%	-5.9%	4.6%	-27.0%	83.3%	11.8%	3.6%	4.3%	22.5%	14.5%	9.1%	41.2%	8.3%	-11.7%
2010	6.0%	-6.3%	5.1%	-28.8%	92.8%	12.8%	4.1%	5.0%	24.7%	16.0%	10.1%	45.6%	9.3%	-12.3%
2011	6.0%	-7.7%	4.5%	-31.3%	101.6%	12.8%	3.7%	4.7%	26.1%	16.8%	10.1%	48.9%	9.4%	-14.1%
2012	6.0%	-9.4%	3.6%	-33.8%	109.9%	12.8%	3.0%	4.1%	27.1%	17.0%	9.9%	52.0%	9.1%	-15.9%
2013	6.0%													
2014	6.0%													
2015	6.0%													
2016														
2017														

注：国家统计局除 2013—2015 年仍发布老口径可支配收入数据外，2016—2017 年不再发布老口径数据。表中百分比为新口径比老口径高或低的比例。

资料来源：《中国住户调查年鉴—2018》

三、国民账户体系下
中国住户收入统计的改革与发展

国民账户体系（System of National Accounts, SNA）是一个统一、完整的宏观经济核算体系。与住户调查相比，国民账户体系的核算过程依赖于更多、更为丰富的统计资料，这其中也包括住户调查资料。但是，由于资料来源的差异，加上国民账户体系本身核算框架所决定，国民账户体系往往也会建立一套对住户收支进行统计的核算方法。国际上，按照SNA的标准核算方法，这一核算是由对生产账户、收入形成账户、初始收入分配账户（含子账户——业主账户和其他初始收入分配账户）、收入再分配账户、可支配收入使用账户、实物收入再分配账户、调整后可支配收入使用账户等账户序列的编制来实现。在我国，这一核算过程往往通过中国国民经济核算体系（CSNA）下的资金流量表（非金融交易）的编制来实现。为了更好地理解国民账户体系下住户收入核算的内在逻辑，有必要对国民账户体系的来龙去脉，包括我国

<<< 三、国民账户体系下中国住户收入统计的改革与发展

应用国民账户体系、实行中国国民经济核算体系的历程和现状有清晰的了解。

(一) 国民账户体系的发展历程

自诞生以来,国民账户体系就是一个不断修订和力求逐步完善的体系。历年来对 SNA 的修订主要集中在两个方面:一是不断改进国民经济核算方法论在内的基本方法,二是顺应经济统计的可比性与统计业务的国际化趋势,提升对各种国际统计标准的整合与协调水平(杨仲山,2008)。说到国民账户体系的发展,从其产生到发展壮大并为越来越多的国家和地区所应用的过程中,有 7 个时间节点十分引人注目。这 7 个时间节点分别是 1947 年、1953 年、1960 年、1964 年、1968 年、1993 年和 2008 年。我们从这几个时间节点可以看到,从 SNA 创立以来,有越来越多的国家和地区开始使用 SNA 体系进行国民经济核算,国民账户体系成了国际经济统计领域最为重要的和最为核心的公共产品,为各国和地区经济分析、预测、政策制定和国际比较发挥着基础性作用。

1. 1947 年:国民账户体系的前身

联合国统计委员会(UNSC)在 1947 年第一届会议上强调,有必要制定国际统计标准,促进国际统计数据的可比性,以支持政策决策需要。在联合国统计委员会的大力推动下,1947 年由英

国经济学家 Richard Stone 领导的国际统计专家联盟国家收入统计小组委员会（the Sub-Committee on National Income Statistics of the League of Nations Committee of Statistical Experts）负责的一份名为《国民收入的计量和社会账户的建立》（*Measurement of National Income and the Construction of Social Accounts*）的报告得以发布。该报告为联合国统计委员会发布的1947年《统计方法研究和报告》第7期，确立了后来国民账户体系编制的重要方法论基础，也被普遍视为国民账户体系的前身（UN，1947）。从一开始，国民账户体系就是国际合作和各国专家集体智慧的结晶。

1948年4月16日，根据《欧洲经济合作公约》，英国、法国等18个国家成立了欧洲经济合作组织（OEEC），该组织为1961年成立的经济合作与发展组织（OECD）的前身。该组织设有部长理事会，下设执行委员会。主要目的是确保各成员国实施美国财政援助，发挥各成员国的经济力量，促进欧洲的经济合作，为欧洲复兴做出贡献。按照 OEEC 的要求，Richard Stone 带领下的专家团队为 OEEC 开发了一套标准化的国民经济核算账户，该套核算账户在结构上与1947年报告相比得到大大简化，操作性强，受到 OEEC 成员国的普遍欢迎和应用。

2. 1953年：国民账户体系宣告诞生

1953年，在联合国统计委员会的支持下，Richard Stone 领导的团队在联合国统计委员会当年《方法研究》第2期发布了名为《国民账户体系及辅助表》（*A System of National Accounts and Sup-*

porting Tables）的报告，这一报告全文共 5 章，往往被视为第一个国民经济核算体系，我们通常将其称为"SNA1953"（UN，1953）。SNA1953 的发布成了一个重要里程碑，也是国民经济核算体系得以建立的重要标志。SNA1953 由一套六个标准账户（包括国内生产账户、国民收入账户、国内资本形成账户、住户和私人非营利机构账户、广义政府账户和国外账户）和一套 12 个标准表格（包括国民生产总值支出表、按要素成本法计算的国内生产总值产业来源表、按组织类别分的国民收入表、国民收入分配表、国内资本形成总额资金来源表、国内资本形成总额构成表、住户和私人非营利机构收支表、私人消费支出构成表、广义政府收支表、广义政府消费支出构成表、国外交易表、农村部门收支表）组成，其中列出了宏观经济循环的详细分类和替代分类（参见表 3-1）。账户的概念和定义广泛适用于包括发展中国家在内的大多数国家。此后，联合国统计委员会又先后出版了 1953 年国民账户体系的两个稍有修改的版本，时间分别是 1960 年和 1964 年。

表 3-1 SNA1953 的标准账户和辅助表

标准账户	辅助表
1. 国内生产账户	1. 国民生产总值支出表
2. 国民收入账户	2. 按要素成本法计算的国内生产总值产业来源表
3. 国内资本形成账户	3. 按组织类别分的国民收入表
4. 住户和私人非营利机构账户	4. 国民收入分配表
5. 广义政府账户	5. 国内资本形成总额资金来源表
6. 国外账户	6. 国内资本形成总额构成表
	7. 住户和私人非营利机构收支表
	8. 私人消费支出构成表
	9. 广义政府收支表
	10. 广义政府消费支出构成表
	11. 国外交易表
	12. 农村部门收支表

资料来源：UN, 1953

3. 1960 年：SNA1953 的第一次修改

1960 年版本的国民账户体系以 SNA1953 第一次修订版的形式发布在当年的《方法研究》上。该版本仅在 SNA1953 基础上做了下小幅修改。修改的动因是 SNA1953 被部分国家推广使用后，联合国开始受到各方面对于 SNA1953 的反馈信息。为了将这些反馈信息整合到 SNA1953 中去，1956 年联合国统计委员会对收集到的各方面意见进行了讨论研究，最后决定略做修改后发布一个修订版（UN，1960）。

4. 1964年：SNA1953的第二次修改

1960年版本的国民账户体系以SNA1953第二次修订版的形式同样发布在当年的《方法研究》上。该版本的发布主要是为了在部分账户处理上保持SNA1953与国际货币基金组织《国际收支统计手册》的一致性，并纠正部分错漏（UN，1964）。

5. 1968年：重大修改的新版本

如1960年修订版的说明中所提到的那样，联合国统计委员会于1968年推出了SNA的新版本——《国民账户体系》，即SNA1968，并从内容上将SNA1953共5章的篇幅扩大到共9章，增加了一系列新内容，包括投入产出核算、资金流量核算、国际收支核算等，极大地丰富了SNA1953的内容。单从账户体系的总体结构来看，SNA1968有三大类23个标准账户、26张辅助表和补充表（参见表3-2），另外为了适应发展中国家二元社会等特征，针对发展中国家设计了三大类7个补充账户和2张补充表（UN，1968）。

表 3-2 SNA1968 的标准账户以及辅助表和补充表

类别	标准账户	辅助表和补充表
Ⅰ类账户：国家合并账户	1. 账户1：国内生产总值和支出 2. 账户3：国民可支配收入及其使用 3. 账户5：资本金融 4. 账户6：所有账户——国外交易	1. 按经济活动类别分的国内生产总值和要素收入表 2. 商品供给和使用表 3. 产业总产出和投入表 4. 按成本构成和功能分的政府最终消费支出表 5. 按成本构成和功能分的为住户服务的私人非营利机构最终消费支出表 6. 住户最终消费支出构成表 7. 资本形成总额构成表
Ⅱ类账户：生产、消费支出和资本形成账户	1. 账户A：商品 2. 账户Ba：其他产品和服务销售与政府服务直接进口 3. 账户Bb：政府服务最终消费支出 4. 账户Bc：为住户提供的私人非营利服务最终消费支出 5. 账户Bd：住户最终消费支出 6. 账户C：产业 7. 账户D：政府服务生产者 8. 账户E：为住户服务的私人非营利服务生产者 9. 账户F：住户家庭服务	1. 按支出类别分的国内生产总值不变价格和价格指数表 2. 按经济活动类别分的不变价格国内生产总值表 3. 按经济活动类别分的就业情况表 4. 不变价格商品的供给和使用表 5. 不变价格商品的总产出和投入表 6. 按功能分的不变价格政府最终消费支出表 7. 为住户服务的非营利机构不变价格最终消费支出表 8. 住户不变价格最终消费支出表 9. 不变价格国内资本形成总额构成表

续表

类别	标准账户	辅助表和补充表
Ⅲ类账户：收入、支出和资本金融账户	1. 账户 A3：非营利企业、公司准公司收入和支出账户 2. 账户 A5：非营利企业、公司准公司资本金融账户 3. 账户 B3：金融机构收入和支出账户 4. 账户 B5：金融机构资本金融账户 5. 账户 C3：广义政府收入和支出账户 6. 账户 C5：广义政府资本金融账户 7. 账户 D3：为住户服务的私人非营利机构收入和支出账户 8. 账户 D5：为住户服务的私人非营利机构资本金融账户 9. 账户 E3：住户（含私人非公司非金融企业）收入和支出账户 10. 账户 E5：住户（含私人非公司非金融企业）资本金融账户	1. 按经济活动类别和来源部门分的国内要素收入表 2. 国民和可支配收入表 3. 私人和公共机构资本交易表 4. 非营利公司和准公司收入与支出以及资本交易表 5. 广义政府子部门收入和支出以及资本交易表 6. 按功能分广义政府部分支出表 7. 住户子部门（含私人非营利非公司企业）收入和支出以及资本交易表 8. 明细子部门金融交易表 9. 货币体系金融交易表
所有账户		国外交易表

资料来源：UN，1968

6. 1993 年：趋于成熟的国民账户体系

1993 年，联合国、欧洲共同体委员会、国际货币基金组织、经济合作与发展组织、世界银行等五大国际组织修订的 SNA 得以公布。SNA1993 全文共 21 章，比 SNA1968 增加了 12 章的篇幅，内容上也对 SNA1968 做了较大幅度的修改和补充，包括将资产负债表整合到 SNA 中以及引入卫星账户概念等，并着重加强与《国际收支手册》第5版等相关国际标准的协调一致性,在时隔20多年后的这一次修订标志着国民账户体系进一步走向成熟(Eurostat等,1993)。联合国统计委员会1993年第27届会议通过了SNA1993,将其作为编制国民账户统计数据和国际可比报告的国际标准。从账户体系总的结构来看,与SNA1968相比,SNA1993使用"账户序列"的方式来梳理账户之间的关系,使得整个账户体系更加简洁清晰(参见表3-3)。

表3-3 SNA1993的账户序列

部门	账户序列	部门	账户序列
货物和服务	1. 货物和服务账户	广义政府	1. 生产账户 2. 收入形成账户 3. 初始收入分配账户 4. 业主账户 5. 其他初始收入分配账户 6. 收入再分配账户 7. 实物收入再分配账户 8. 可支配收入使用账户 9. 调整后可支配收入使用账户 10. 资本账户 11. 金融账户 12. 资产物量其他变化账户 13. 重估价账户 14. 中性持有收益/亏损账户 15. 实际持有收益/亏损账户 16. 期初资产负债表 17. 变动资产负债表 18. 期末资产负债表

续表

部门	账户序列	部门	账户序列
总体经济	1. 生产账户 2. 收入形成账户 3. 初始收入分配账户 4. 业主账户 5. 其他初始收入分配账户 6. 收入再分配账户 7. 实物收入再分配账户 8. 可支配收入使用账户 9. 调整后可支配收入使用账户 10. 资本账户 11. 金融账户 12. 资产物量其他变化账户 13. 重估价账户 14. 中性持有收益/亏损账户 15. 实际持有收益/亏损账户 16. 期初资产负债表 17. 变动资产负债表 18. 期末资产负债表	住户	1. 生产账户 2. 收入形成账户 3. 初始收入分配账户 4. 业主账户 5. 其他初始收入分配账户 6. 收入再分配账户 7. 实物收入再分配账户 8. 可支配收入使用账户 9. 调整后可支配收入使用账户 10. 资本账户 11. 金融账户 12. 资产物量其他变化账户 13. 重估价账户 14. 中性持有收益/亏损账户 15. 实际持有收益/亏损账户 16. 期初资产负债表 17. 变动资产负债表 18. 期末资产负债表

续表

部门	账户序列	部门	账户序列
非金融公司	1. 生产账户 2. 收入形成账户 3. 初始收入分配账户 4. 业主账户 5. 其他初始收入分配账户 6. 收入再分配账户 7. 可支配收入使用账户 8. 资本账户 9. 金融账户 10. 资产物量其他变化账户 11. 重估价账户 12. 中性持有收益/亏损账户 13. 实际持有收益/亏损账户 14. 期初资产负债表 15. 变动资产负债表 16. 期末资产负债表	为住户服务的非营利机构（NPISH）	1. 生产账户 2. 收入形成账户 3. 初始收入分配账户 4. 业主账户 5. 其他初始收入分配账户 6. 收入再分配账户 7. 实物收入再分配账户 8. 可支配收入使用账户 9. 调整后可支配收入使用账户 10. 资本账户 11. 金融账户 12. 资产物量其他变化账户 13. 重估价账户 14. 中性持有收益/亏损账户 15. 实际持有收益/亏损账户 16. 期初资产负债表 17. 变动资产负债表 18. 期末资产负债表

续表

部门	账户序列	部门	账户序列
金融公司	1. 生产账户 2. 收入形成账户 3. 初始收入分配账户 4. 业主账户 5. 其他初始收入分配账户 6. 收入再分配账户 7. 可支配收入使用账户 8. 资本账户 9. 金融账户 10. 资产物量其他变化账户 11. 重估价账户 12. 中性持有收益/亏损账户 13. 实际持有收益/亏损账户 14. 期初资产负债表 15. 变动资产负债表 16. 期末资产负债表	国外	1. 国外货物和服务账户 2. 国外初始收入和经常性转移账户 3. 资本账户 4. 金融账户 5. 资产物量其他变化账户 6. 重估价账户 7. 中性持有收益/亏损账户 8. 实际持有收益/亏损账户 9. 期初资产负债表 10. 变动资产负债表 11. 期末资产负债表

资料来源：Eurostat 等，1993

7. 2008 年：进一步完善的国民账户体系

基于 SNA1993 发布以来各国经济核算的新发展变化以及相关理论和实践成果，联合国、欧盟委员会、经济合作与发展组织、国际货币基金组织、世界银行等国际组织于 2003 年开始着手启动 SNA1993 的更新和修订工作。2009 年，这五大国际组织联合修订的《国民账户体系（2008）》（SNA2008）在联合国统计委员会第四十次会议上被通过，SNA2008 成为国民经济核算的最新国际标准。SNA2008 全文共 29 章，比 SNA1993 的 21 章多了 8 章，对

SNA1993 的内容进行了部分更新和补充（联合国等，2012）。从总的账户体系上来看，尽管 SNA2008 基本保持了 SNA1993 基本账户体系结果，但是从形式上对"账户序列"进行了调整，将账户与表融合在一起，使得账户序列更加精简和更加具有可读性（参见表 3-4）。

表 3-4 SNA2008 的账户序列

账户	部门							合计
	非金融公司	金融公司	政府	住户	NPISH	经济总体	国外	货物和服务	
1. 生产账户									
2. 收入形成账户									
3. 初始收入分配账户									
4. 业主账户									
5. 其他初始收入分配账户									
6. 收入再分配账户									
7. 可支配收入使用账户									
8. 实物收入再分配账户									
9. 调整后可支配收入使用账户									
10. 资本账户									
11. 金融账户									
12. 资产物量其他变化账户									
13. 重估价账户									
14. 资产负债表									

资料来源：联合国等，2012

（二）国民账户体系在中国的应用和发展历程

新中国成立后，我国曾长期使用物质产品平衡表体系（System of Material Product Balance，MPS）进行国民经济核算，改革开放后逐步向国民账户体系过渡，逐步建立起了自己的国民账户体系——中国国民经济核算体系（China's System of National Accounts，CSNA）。总的来看，可以以国民账户体系的应用为脉络将我国国民经济核算体系的发展分为使用 SNA 替代体系 MPS 阶段、初步创立 CSNA 阶段、制定和使用 CSNA2002 阶段以及制定和使用 CSNA2016 阶段。

1. 使用 SNA 的替代体系——MPS 的阶段

1952 年，国家统计局在全国范围开展了工农业总产值调查，标志着我国工农业总产值核算的开始。此后，核算范围逐步从工农业总产值核算扩大到农业、工业、建筑业、交通运输业和商业饮食业五大物质生产部门总产值，即社会总产值核算。从 1954 年开始，国家统计局在学习苏联国民收入统计理论和方法的基础上开展了我国国民收入的生产、分配、消费和积累核算。1956 年，国家统计局在全面考察苏联国民经济核算工作的情况下，开始在中国全面推行 MPS 体系。先后编制了社会产品生产、积累和消费平衡表，社会产品和国民收入生产、分配、再分配平衡表，劳动力资源和分配平衡表等 MPS 体系中的一系列重要表式。"文化大革命"期间，MPS核算工作中断。"文化大革命"之后，我国国民经济核算工作逐步恢复发展，开展了国民收入核算，还编制了1981年投入产出表和1983年投入产出表（许宪春，2002）。

2. 初步创立和应用CSNA阶段

由于MPS体系无法反映非物质生产领域的服务活动，经济核算局限性较大，从1984年起，国务院成立了专门机构，组织领导新国民经济核算体系的研究设计工作。从1985年开始，在继续使用MPS体系开展国民经济核算的基础上，国家统计局同步应用SNA体系开展国内生产总值核算。1992年1月，国务院通过《中国国民经济核算体系（试行方案）》，标志着我国新的国民经济核算体系的创立。该方案以SNA体系为基本内核，也保留了MPS体系的部分特征，是一个"二合一"的综合性体系。CSNA（试行方案）设计了一套社会再生产核算表，包含6张基本表和8张补充表，同时设计了一套包含四个大类共22个账户的经济循环账户体系（参见表3-5）。1992年8月，国务院办公厅发出《关于实施新国民经济核算体系方案的通知》，要求在全国范围内分步实施这一体系，我国正式开始进入应用CSNA进行经济核算的阶段。

表3-5 CSNA（试行方案）的社会再生产核算表和经济循环账户

类别	社会再生产核算表	类别	经济循环账户
基本表	1. 国内生产总值及其使用表 2. 投入产出表 3.1 资金流量表（一）（收入与分配部分） 3.2 资金流量表（二）（金融部分） 4. 国际收支平衡表 5. 资产负债表（期末）	国民经济账户	1. 国内生产总值账户 2. 国民可支配收入及支出账户 3. 投资账户 4. 对外交易账户 4.1 经常往来账户 4.2 资本往来账户 5. 资产负债账户 5.1 调整账户 5.2 期末资产负债账户
补充表	1. 人口平衡表 2. 劳动力平衡表 3. 自然资源表 4. 主要商品资源与使用平衡表 5. 企业部门产出表（V表） 6. 企业部门投入表（U表） 7. 财政信贷资金平衡表 8. 综合价格指数表	机构部门账户	1. 生产账户 2. 收入及支出账户 2.1 收入初次分配账户 2.2 可支配收入及支出账户 3. 投资及金融账户 3.1 投资账户 3.2 金融账户 4. 资产负债账户 4.1 调整账户 4.2 资产负债变动账户 4.3 期末资产负债账户
		产业部门综合账户
		经济循环矩阵

资料来源：国家统计局国民经济核算编写组，1992

3. 编制和使用CSNA2002阶段

1999年开始，在深入研究SNA1993和总结应用CSNA1992实际应用经验的基础上，国家统计局开始着手部署对《中国国民经济核算体系（试行方案）》的系统性修订。最终修订的成果即为CSNA2002，CSNA2002总体体系结构上由基本核算表、国民经济账户和附属表三部分组成。其中，基本核算表包括国内生产总值表、投入产出表、资金流量表、国际收支表和资产负债表；国民经济账户包括经济总体账户、国内机构部门账户和国外部门账户；附属表包括自然资源实物量核算表和人口资源与人力资本实物量核算表（参见表3-6）。

表3-6 CSNA2002的基本核算表、国民经济账户和附属表

类别	核算表或账户名称	明细核算表或账户名称
基本核算表	国内生产总值表	1. 国内生产总值表 2. 生产法国内生产总值表 3. 收入法国内生产总值表 4. 支出法国内生产总值表
	投入产出表	1. 供给表 2. 使用表 3. 产品部门×产品部门表
	资金流量表	1. 实物交易表 2. 金融交易表
	国际收支表	1. 国际收支平衡表 2. 国际投资头寸表
	资产负债表	1. 期初资产负债表 2. 期末资产负债表

续表

类别	核算表或账户名称	明细核算表或账户名称
国民经济账户	经济总体账户	1. 生产账户 2. 收入分配及支出账户 3. 资本账户 4. 金融账户 5. 资产负债账户
	国内机构部门账户	1. 生产账户 2. 收入分配及支出账户 3. 资本账户 4. 金融账户 5. 资产负债账户
	国外部门账户	1. 经常账户 2. 资本账户 3. 金融账户 4. 资产负债账户
附属表	自然资源实物量核算表	
	人口资源与人力资本实物量核算表	

资料来源：国家统计局，2003

4. 编制和推动 CSNA2016 的使用阶段

随着联合国 SNA2008 的发布，绝大部分发达国家和部分发展中国家已经开始执行 SNA2008，新一轮与国际标准相衔接和提高国际可比性被提上日程，同时考虑到 CSNA2002 已经实施多年，经济生活中出现了许多新情况和新变化，宏观经济管理和社会公众对国民经济核算产生了许多新需求，有必要进行相应的修订和补充，党的十八届三中全会提出了加快建立国家统一的经济核算制度的工作任务。2017年,《中国国民经济核算体系(2016)》(CSNA2016)获得国务院批复,准予实施,标志着我国开始推动SNA2008在国内的全面实施。CSNA2016是对CSNA2002的进一步修订和补充,全文共分为8章,分为基本核算和扩展核算两大部分,其中基本核算共5个核算类别,扩展核算共5个核算类别,账户体系的总体结构更加简洁清晰(参见表3-7)。与CSNA2002(共分为4个部分)相比内容更加丰富,在框架结构上的主要变化包括不再设置国民经济账户、将价格指数和不变价核算专设一章、调整资产负债表结构、增加资产负债交易变化表和其他变化表、调整国际收支平衡表和国际投资头寸表内容、增加了扩展核算,同时也删减了部分包括直接消耗系数和完全消耗系数计算方法在内的非核心内容(国家统计局,2017)。

表3-7 CSNA2016的核算类别和核算表

类别	核算类别	核算表
基本核算	国内生产总值核算	1. 国内生产总值总表 2. 生产法国内生产总值表 3. 收入法国内生产总值表 4. 支出法国内生产总值表
	投入产出核算	1. 供给表 2. 使用表 3. 投入产出表
	资金流量核算	1. 非金融交易表 2. 金融交易表

续表

类别	核算类别	核算表
基本核算	资产负债核算	1. 期初资产负债表 2. 资产负债交易变化表 3. 资产负债其他变化表 4. 期末资产负债表
	国际收支核算	1. 国际收支平衡表 2. 国际投资头寸表
扩展核算	资源环境核算	
	人口和劳动力核算	
	卫生核算	
	旅游核算	
	新兴经济核算	

资料来源：国家统计局，2017

（三）中国资金流量表（非金融交易）的编制情况

从最初编制中国国民经济核算体系开始，资金流量表（非金融交易）就是国民账户体系的重要组成部分，也是在国民经济总循环过程中对收入分配和再分配过程进行分析的重要工具。CSNA（试行方案）将资金流量表（非金融交易）命名为"收入与分配部分"，CSNA2002 曾将其改名为"实物交易表"。20 世纪 80 年代后期，我国相关部门开始着手开展资金流量核算的研究（许宪春，2002）。1992 年 3 月，国家统计局、中国人民银行、财政部、国家计委联合印发了《关于编制资金流量表的通知》,标志着我国资金流量核算工作的正式开始。到目前为止,已经编制出 1992—2016 年共 25 张资金流量表。

1. CSNA(试行方案)的资金流量表(收入和分配部分)

1992 年 CSNA(试行方案)的资金流量表以部门增加值开始,以总投资结束,包含居民、企业、行政事业、财政、金融、国外以及合计,记录了各部门之间收入和分配过程关联和循环关系,为以后的资金流量表编制奠定了基础(参见表 3-8)。但总的来看,CSNA(试行方案)的资金流量表交易项目的分类还较粗,因而其记录的信息详细程度和丰富程度存在不足。

表 3-8 CSNA(试行方案)的资金流量表(收入和分配部分)

交易项目	顺序号	居民		企业		行政事业		财政		金融		国外		合计	
		使用	来源	使用	来源	使用	来源	使用	来源	使用	来源	使用	来源	使用	来源
		1	2	3	4	5	6	7	8	9	10	11	12	13	14
一、部门增加值	1														
二、劳动者报酬	2														
三、上缴财政	3														
四、财政拨款	4														
五、财产收入	5														
六、其他转移	6														
合计	7														

续表

交易项目	顺序号	居民		企业		行政事业		财政		金融		国外		合计	
		使用	来源	使用	来源	使用	来源	使用	来源	使用	来源	使用	来源	使用	来源
		1	2	3	4	5	6	7	8	9	10	11	12	13	14
七、可支配总收入	8														
八、总消费	9														
九、总储蓄	10														
十、资本转移	11														
十一、总投资	12														
1. 固定资产形成	13														
2. 库存增加	14														

资料来源：国家统计局国民经济核算编写组，1992

2. CSNA2002 的资金流量表（实物交易表）

CSNA2002 的资金流量表（实物交易表）以净出口开始，以统计误差结束，包含非金融企业部门、金融机构部门、政府部门、住户部门、国内及国外部门以及合计，记录了各部门之间收入和分配过程关联和循环关系。与 CSNA（试行方案）的资金流量表（收入和分配部分）相比，CSNA2002 的资金流量表（实物交易表）部门划分与 SNA1993 基本保持一致（除不含 NPISH 外），同时交易项目特别是收入形成部分的交易项目的细化非常明显，使得我们能够通过这些细化的交易项目更好地分析和理解各部门的收入形成过程（参见表 3-9）。

表 3-9 CSNA2002 的资金流量表（实物交易表）

机构部门 \ 交易项目	非金融企业部门 使用	非金融企业部门 来源	金融机构部门 使用	金融机构部门 来源	政府部门 使用	政府部门 来源	住户部门 使用	住户部门 来源	国内合计 使用	国内合计 来源	国外部门 使用	国外部门 来源	合计 使用	合计 来源
一、净出口														
二、增加值														
三、劳动者报酬														
（一）工资及工资性收入														
（二）单位社会保险付款														
四、生产税净额														
（一）生产税														
（二）生产补贴														
五、财产收入														
（一）利息														
（二）红利														
（三）土地租金														
（四）其他														
六、初次分配总收入														
七、经常转移														
（一）收入税														
（二）社会保险缴款														
（三）社会保险福利														
（四）社会补助														
（五）其他														
八、可支配总收入														
九、最终消费														
（一）居民消费														
（二）政府消费														
十、总储蓄														

续表

机构部门	交易项目	非金融企业部门		金融机构部门		政府部门		住户部门		国内合计		国外部门		合计	
		使用	来源	使用	来源	使用	来源	使用	来源	使用	来源	使用	来源	使用	来源
十一、资本转移															
（一）投资性补助															
（二）其他															
十二、资本形成总额															
（一）固定资本形成总额															
（二）存货增加															
十三、其他非金融资产获得减处置															
十四、净金融投资															
十五、统计误差															

资料来源：国家统计局，2003

3. CSNA2016 的资金流量表（非金融交易）

CSNA2016 的资金流量表（非金融交易）以进出口开始，以统计误差结束，包含非金融企业部门、金融机构部门、广义政府部门、NPISH 部门、住户部门、经济总体、国外以及合计，记录了各部门之间收入和分配过程关联和循环关系。与 CSNA2002 的资金流量表（实物交易表）相比，CSNA2016 的资金流量表（非金融交易）部门划分与 SNA2008 基本保持一致，内容上变动不大，比较重大的变化是增加了"实物社会转移"和"调整后可支配总收入"，同时将"最终消费"改名为"实际最终消费"，这一变动使得资金流量表（非金融交易）的整个核算过程与SNA1993和SNA2008吻合得更为密切（参见表3-10）。

表3-10 CSNA2016的资金流量表（非金融交易）

机构部门 交易项目	非金融企业部门		金融机构部门		广义政府部门		NPISH部门		住户部门		经济总体		国外		合计	
	使用	来源	使用	来源	使用	来源	使用	来源	使用	来源	使用	来源	使用	来源	使用	来源
1. 净出口																
2. 增加值																
3. 劳动者报酬																
工资及工资性收入																
单位社会保险付款																
4. 生产税净额																
生产税																
生产补贴																
5. 财产收入																
利息																
红利																
地租																
其他																
6. 初次分配总收入																
7. 经常转移																
所得税、财产税等经常税																
社会保险缴款																
社会保险支出																
社会保障补助																
其他经常转移																
8. 可支配总收入																

续表

机构部门	交易项目	非金融企业部门		金融机构部门		广义政府部门		NPISH部门		住户部门		经济总体		国外		合计	
		使用	来源	使用	来源	使用	来源	使用	来源	使用	来源	使用	来源	使用	来源	使用	来源
9. 实物社会转移																	
10. 调整后可支配总收入																	
11. 实际最终消费																	
12. 总储蓄/对外经常差额																	
13. 资本转移																	
资本税																	
投资性补助																	
其他																	
14. 资本形成总额																	
固定资本形成总额																	
存货变动																	
贵重物品获得减处置																	
15. 其他非金融资产获得减处置																	
16. 净金融投资																	

资料来源：国家统计局，2017

（四）中国资金流量表（非金融交易）编制方法

资金流量表的编制属于技术性很强的工作，同时也受制于各方面统计资料的口径和可获得性，因此需要部分用到估算和推算方法。

1. 2012 年以前的编制方法

1997 年，国家统计局和中国人民银行曾出版《中国资金流量表编制方法》一书，对中国资金流量表的编制方法进行了系统性说明。2007 年，以 2005 年制定的《中国经济普查年度国内生产总值核算方法》为基础，国家统计局制定了《中国经济普查年度国内生产总值核算方法》并且公开出版，从该书可以了解到当时资金流量表编制的基本方法（参见表 3–11）。

表 3–11 中国经济普查年度资金流量表（非金融交易）编制方法

交易项目	运用	来源
1. 净出口		
2. 增加值		农林牧渔业中农户生产活动形成的增加值 + 城乡个体经营户增加值 + 城镇居民自有住房价值（造价）× 折旧率（2%）+ 农村居民自有住房价值（造价）× 折旧率（3%）
3. 劳动者报酬		
（1）工资及工资性收入	农村住户部门增加值 ×90% + 城乡个体经营户工资	各部门支付给住户部门的工资及工资性收入
（2）单位社会保险付款		各部门支付给住户部门的单位社会保险付款
4. 生产税净额		
（1）生产税	城乡个体经营户支付的生产税	

三、国民账户体系下中国住户收入统计的改革与发展

续表

交易项目	运用	来源
（2）生产补贴		农户得到的生产补贴
5. 财产收入		
（1）利息	住户部门实际应付贷款利息 – 住户部门在金融企业贷款分摊的虚拟服务费	住户部门实际应收存款利息 + 住户部门在金融企业存款分摊的虚拟服务费 + 住户部门股票以外证券利息所得
（2）红利		A股流通股本总红利 × 住户部门持有A股流通股本比例
（3）地租		
（4）其他		属于全体保险人的财产收入 ×（住户部门所缴保费/保险企业所收保费总额）
6. 初次分配总收入		
7. 经常转移		
（1）收入税	个人所得税（城镇）	
（2）社会保险缴款	基本养老保险 + 失业保险 + 医疗保险 + 工伤保险 + 生育保险（城镇）	
（3）社会保险福利		政府部门支出的社会保险福利（城镇）
（4）社会补助		非金融企业部门支付的社会补助 + 市镇居民肉食价格补贴 +（抚恤和社会福利救济 – 离退休费）× 90% + 农村住户部门收到的社会补助

93

续表

交易项目	运用	来源
（5）其他经常转移	私人转移的借方数	政府部门支付的未纳入统筹的离退休费和医疗费 + 私人转移的贷方数 + 住户部门获取的保险赔款
8. 可支配总收入		
9. 最终消费		
（1）居民消费	支出法 GDP 核算的居民最终消费支出	
（2）政府消费		
10. 总储蓄		
11. 资本转移		
（1）投资性补助		
（2）其他		
12. 资本形成总额		
（1）固定资本形成总额	（城镇居民购买住宅支出 + 城镇和工矿区个人建房支出 + 城镇居民购买公房支出 + 城镇个体经营者形成的固定资产）+ 农村个人固定资产投资总额	
（2）存货增加	经济普查年度支出法 GDP 核算的农户存货增加（农村）	
13. 其他非金融资产获得减处置		
14. 净金融投资		

资料来源：国家统计局国民经济核算司，2007a；国家统计局国民经济核算司，2007b

2. 2012年以后的编制方法

根据财政部提供的全口径财政收支详细资料、国家外汇管理局修订后的国际收支平衡表数据，以及部分交易项目编制方法的调整，目前已经完成了2000—2009年实物交易资金流量表的系统修订，1992—1999年资金流量表正在修订之中。2012年国家统计局核算司编制了《中国实物资金流量表编制方法》，对新的实物资金流量表编制方法做了详细说明。2016年，由于研发支出核算方法改革，国家统计局对2014年资金流量表（非金融交易）的编制方法做了适应性调整。

表3-12 中国资金流量表（非金融交易）主要交易项目指标解释

交易项目	指标解释
1. 净出口	净出口是货物和服务出口减进口的差额
2. 增加值	增加值指各种生产活动所创造的新增价值，是总产出与中间投入之差
3. 劳动者报酬	劳动者报酬指在核算期内单位按劳动者在生产活动中的贡献支付的各种形式的报酬，包括税前工资、奖金、福利费、各种补贴、津贴、实物报酬、劳动者应付的社会缴款以及单位为劳动者缴纳的社会保险费等。劳动者报酬进一步划分为工资及工资性收入和单位社会保险付款两个子项
（1）工资及工资性收入	工资及工资性收入包括货币性工资收入和实物性工资收入

续表

交易项目	指标解释
（2）单位社会保险付款	单位社会保险付款指雇主为其雇员能够得到未来的福利而进行的社会缴纳，可以是单位为使劳动者获得社会福利而向社会保险计划支付的实际社会缴款，或是单位提供的未备基金的社会福利的虚拟社会缴款
4. 生产税净额	生产税净额是生产税减生产补贴的差额
（1）生产税	生产税是生产单位在生产、销售、转移或以其他方式处理货物和服务时应交纳的产品税，以及因从事生产活动拥有和运用固定资产、土地和劳动力等生产要素应交纳的其他生产税
（2）生产补贴	生产补贴是政府部门为了影响生产单位的生产水平和新产品价格水平，根据企业的生产活动水平或企业生产、销售、进口的货物或服务的数量或价值，对企业做出的现期无偿支付
5. 财产收入	财产收入是金融投资或将土地等有形非生产资产提供给其他机构单位使用而获得的收入，包括利息、红利、土地租金、其他财产收入等
（1）利息	利息包括存贷款利息、股票以外证券利息和应收账款利息
（2）红利	红利是股东因将资金交由公司支配而有权获得的一种财产收入
（3）地租	地租是指自然资源的所有者（出租人或地主）因将自然资源交由另一机构单位（承租人或佃户）支配，供其在生产中使用而获得的收入
（4）其他	其他财产收入包括属于投保人的财产收入、养老金权益的应付投资收入、属于投资基金股东的投资收入以及财政收入中属于财产收入的部分
6. 初次分配总收入	在初次分配总收入的基础上，通过经常转移进行再次分配，形成各个机构部门的可支配总收入

续表

交易项目	指标解释
7. 经常转移	资本转移是指资产所有权的转让，或强制一方或双方获取资产或转让资产。除资本转移外的所有转移都是经常转移
（1）收入税	收入税是对收入所征收的税，目前包括个人所得税、企业所得税两部分，其中企业所得税又包括国内企业所得税、外商投资企业和外国企业所得税
（2）社会保险缴款	社会保险缴款包括居民按照国家的有关法律和规定，向社会保障机构缴纳的社会保险金和财政对社保基金的补助。社会保险金包括城镇职工五项基本保险（基本养老保险、失业保险、医疗保险、工伤保险和生育保险）、城镇居民养老保险、新型农村合作医疗保险、新型农村养老保险四部分
（3）社会保险福利	社会保险福利是社会保险机构按照国家的法律规定，向缴纳社会保险的个人支付的社会保险金
（4）社会补助	社会补助是国家财政用于抚恤、生活补助、社会救济等的支出
（5）其他经常转移	其他经常转移主要是指除上述经常转移以外的转移
8. 可支配总收入	可支配总收入是一个平衡项，等于初次分配总收入加上经常转移收入减去经常转移支付的余额
9. 最终消费	最终消费指常住单位在核算期内对于货物和服务的全部最终消费支出，包括居民消费和政府消费
（1）居民消费	居民消费指常住居民在一定时期内对货物和服务的全部最终消费支出
（2）政府消费	政府消费指政府部门为全社会提供公共服务的消费支出和免费或以无明显经济意义的价格向居民提供的货物和服务的净支出

续表

交易项目	指标解释
10. 总储蓄	总储蓄指可支配总收入用于最终消费后的余额
11. 资本转移	资本转移是一个机构部门将其非金融资产或金融资产所有权无偿转让给另一机构部门的转移。资本转移包括投资性补助、资本税、资本转移税和其他资本转移四个部分
（1）投资性补助	投资性补助是政府财政预算内投资拨款和财政预算外用于固定资产投资的支出，具体包括政府为基本建设、更新改造和其他固定资产投资而向其他部门的资本转移
（2）其他	其他资本转移是除投资性补助以外的全部资本转移，包括资本税、资本转移税以及其他未包括的资本转移
12. 资本形成总额	资本形成总额是机构部门在核算期内新增的资产价值，包括固定资本形成总额和存货增加两部分
（1）固定资本形成总额	固定资本形成总额是各常住单位投资形成的固定资产数额
（2）存货增加	存货增加是核算期内入库货物价值与出库货物价值的差额
13. 其他非金融资产获得减处置	其他非生产非金融资产指土地、可能用于生产货物和服务的其他有形资产和无形资产
14. 净金融投资	

资料来源：《中国金融年鉴-2017》

四、住户调查与国民核算住户收入统计口径的差异分析

要搞清楚住户调查体系下中国住户收入与国民核算下住户收入的差异及其原因,首先需要从统计口径上对二者之间的差异进行梳理,通过形成由口径相当的对应关系比较框架,我们才能建立一个对二者差异进行更为细致分析的基础。值得注意的是,目前国际国内都已经有一定的研究来试图对二者之间的差异进行探讨,但总的来看,有关探讨还比较初步,对差异原因的分析也还有待进一步深入。本部分主要按照上述思路对住户调查与国民核算住户收入之间的统计口径差异问题进行分析和研究。

(一)住户调查与国民核算住户收入统计的差异:国际经验

1.《堪培拉专家组手册》对宏微观住户收入口径差异的分析

2011年完成修订的《堪培拉专家组手册》(第二版)中明确指出,由于两个数据集的目标不同,住户统计和国民核算中对收

入的处理也有所不同。在住户统计中，重点是那些直接惠及个人住户的收入以及住户间收入分配。在国民核算中，住户应计收入总额与整个国民经济核算体系的其他组成部分和部门有关。

在进行住户和国民核算数据集之间的数据比较时，有必要了解这两组统计数据之间的概念和方法差异。由于这些概念上和方法上的差异，必须首先按各自组成部分进行分解，以确定可比较的数据和不能比较的数据。还需要将数据差异与国民账户编制国家或地区联系起来，因为不同国家或地区实际采用的标准可能与国际标准也存在差异。这些差异通常是由于数据可获得性问题造成的，特别是在使用税务记录等行政管理数据的情况下。可能还需要对数据进行操作，以便进行更好的比较。对于某些数据项，需要从国民账户编制地区获取和使用未发布的数据。例如，国民账户中的利息估计数包括间接测算的金融中介服务（FISIM），这不包括在住户调查估计数中。由于 FISIM 将由国民账户编制地区单独编制，因此可以在比较时直接扣除。

另一方面，在一些国家，住户调查中收集的用于投资目的的贷款数据，如用于租赁房产或购买自住住房的数据，包括贷款应付利息加上资本回报。在其他国家，利息部分与资本回报分开收取。在计算扣除费用后的收入时，只有利息部分应包括在内，因为任何资本回报都是财富的积累。

一般来说，有三个收入组成部分可能特别影响住户和国民核算收入统计数据的比较（UNECE，2011）（参见表 4-1）。

四、住户调查与国民核算住户收入统计口径的差异分析

一是估算的财产收入。通常来说，以下项目不包括在住户收入的住户概念中，因为户主无法估计该收入的价值，也不可能为个别住户进行单独计算：①非寿险保单持有人的投资收益；②养老基金（包括非基金性养老金计划的估算财产收入）；③归属于集体投资基金股东的投资收益；④外国直接投资的再投资收益。国民账户体系使用金融机构和其他公司提供的数据，养老基金、保险单等的投保人和所有人的收入作为住户部门的收入。

二是固定资本折旧与消耗。住户和国民核算对折旧（国民账户体系中的固定资本消耗）的统计存在差异。当非公司企业或拥有租赁财产的住户扣除折旧作为费用时，支出的价值基于税收规则和购买时资产的成本（历史成本）。在国民账户体系中，固定资本的消耗是以固定资产的现值为基础计量的。一般来说，基于历史成本的折旧将低于基于当前成本的估计。因此，当用国民账户体系净混合收入或净营业盈余估计值与非公司企业或租金收入（支出净额）的住户调查统计进行比较时，不同的估价方法可能是导致差异的一个原因。

三是利息。住户统计和国民核算统计的不同非常明显地体现在对所收到的利息的处理，特别是对 FISIM 的处理上。虽然银行存款收到的利息可能由于估算的 FISIM 费用而具有名义上更大的数值，但在住户层面上，并不涉及 FISIM 费用，而是只需要进行净额结算，以将收到的利息收入作为净收入的一部分。在国民核算层面上，由于需要能够充分考虑到整个经济中的所有部门，利

息组成部分包括金融机构支付的利息以及金融中介机构管理住户存款的 FISIM 估算值。

应付利息的处理在住户和国民核算统计中的差异也很重要，因为它是从估算租金、自雇和财产收入的住户估计中扣除的支出之一。住户支付给贷款人的所有利息在计算扣除费用后的收入时扣除。这包括金融机构向户主收取的服务部分。在国民账户体系中，只有已支付利息的 FISIM 部分被视为中间消费，可以将其从混合净收入或净营业盈余的国民核算估计中予以扣除，处理方法类似于购买用于生产的服务。

表4-1　堪培拉专家组手册对宏微观住户收入统计口径差异的对比

住户调查住户收入统计	国民核算住户收入统计
A. 人口范围	
许多住户调查都有范围限制，如仅包括私人住户和不包括居住在非私人住宅的人（疗养院、监狱、医院、寄宿学校等）。具体情况因国家而异	住户部门由人口中的所有人或群体组成。与住户调查统计一致，除了那些在 SNA 中被视为准公司的企业外，个人独资和合伙的非公司企业进行的生产活动包括在住户部门中
B. 收入记录	
收入根据统计期内住户的实际或预期收入（包括货币收入和实物收入）进行记录	记录从其他经济部门流入住户部门的收入。收入是以权责发生制为基础记录的，即收入时而不是收到时进行记录。一些收入被归入住户部门，即使住户不会被认为是他们所收到的收入，例如估算得到的雇主对非基金性超额养老金计划缴款

四、住户调查与国民核算住户收入统计口径的差异分析

续表

住户调查住户收入统计	国民核算住户收入统计
C. 住户收入	
1. 劳动报酬收入	
1a. 雇员报酬	（SNA 交易项目代码：D1）
雇员付出工作时间和完成工作而得到的直接工资和薪金	所有收入以相同核算基础纳入。工资总额和薪金（现金和实物）是"雇员报酬"的一个单独确定的组成部分。在概念上，国民账户体系和住户调查收入口径都不包括雇主在工资和薪金中支付的社会保险福利，如病假或产假。实际上，很难将这些付款分开（SNA 交易项目代码：D11）
现金红利和酬金	
佣金和小费	
董事费	
利润分享奖金和其他形式的利润相关报酬	
作为雇员薪酬一部分提供的股份	
雇主提供的免费或含补贴的商品和服务	
遣散费和终止费	
雇主社会保险缴款	雇主社会保险缴款是"雇员报酬"的一个单独确定的组成部分。国民账户体系包括对非基金性超额养老金计划的估算缴款（SNA 交易项目代码：D12）
1b. 自雇收入	
非公司企业损益。等于经营收入扣除经营成本、生产中使用的资产的折旧和净利息支出	作为混合总收入（GMI）的一个组成部分。（SNA 交易项目代码：B3g）GMI 是指非公司企业在扣除雇员成本和中间消耗成本（作为生产投入的商品和服务价值）后，从生产中产生的盈余或亏损。其他成本，如固定资本消耗（CFC）和利息不从 GMI 中扣除

续表

住户调查住户收入统计	国民核算住户收入统计
净混合收入（NMI）更接近住户收入概念，NMI 等于 GMI 减去 CFC。（SNA 交易项目代码：B3n）	
为交易而生产的货物，减去投入成本	作为 GMI 的一个组成部分
为自己消费而生产的商品，减去投入成本	作为 GMI 的一个组成部分
2. 财产收入	
2a. 金融资产收入	
住户统计中部分金融资产收入需要扣除支出，例如，为投资目的借款所支付的利息	SNA 金融资产收入不扣除支出
从金融机构获得的利息收入	SNA 中的"利息应收账款"包括金融机构支付的利息以及由金融中介管理住户存款所引起的服务（间接测算的金融中介服务或 FISIM）的估算值。（SNA 交易项目代码：D41）
股息，包括从自身拥有企业的股息所得	
支付给"沉默"或"沉睡"合伙人的款项以及遗产和信托计划的分配	以相同核算基础纳入。（SNA 交易项目代码：D421）
	SNA 下，财产收入还包括用于再投资的外商直接投资收益以及估算的非人寿保险合同持有人投资收益价值、退休基金持有人应收股权投资收益和集体投资基金股东投资收益。这些都未体现在住户收入调查中。（SNA 交易项目代码：D43、D44）

四、住户调查与国民核算住户收入统计口径的差异分析

续表

住户调查住户收入统计	国民核算住户收入统计
2b. 非金融资产净收入	
住宅物业租金收入扣除营业费用、折旧和利息	住户拥有住宅的租金收入是总营业盈余（GOS）的一个组成部分。（SNA 交易项目代码：B2g）SNA 交易项目代码：D43、D44）在计算 GOS 时，扣除了维护费用和法人团体费用等业务的中间消耗成本。但是，在计算 GOS 时不扣除 CFC 和利息
净营业盈余（NOS）更接近住户收入的概念，因为它等于 GOS 减去 CFC（SNA 交易项目代码：B2n）	
非住宅物业的租金收入，扣除营业费用、折旧和利息	非住宅物业（例如工厂、商店等）的租金收入被视为非公司业务收入，是 GMI 的一部分。计算 GMI 时不扣除 CFC 和利息（SNA 交易项目代码：B3g）
非生产资产（土地和底土资产）的租金收入	以相同核算基础纳入（SNA 交易项目代码：D45）
2c. 特许权使用费，如知识产权等	作为 GMI 的一个组成部分纳入自雇收入（SNA 交易项目代码：B3g、D45）
3. 住户生产自用服务收入	
3a. 自有住房和补贴租金提供的住房服务净值	作为 GOS 的组成部分。（SNA 交易项目代码：B2g）住房服务包括在生产边界内，是国民账户体系将所有自用住户服务普遍排除的一个例外
3b. 不付费的住户服务价值	不包含在 SNA 内
3c. 住户耐用消费品的服务价值	不包含在 SNA 内
4. 经常性转移收入	

续表

住户调查住户收入统计	国民核算住户收入统计
4a. 社会保障养老金/计划	以相同核算基础纳入（SNA交易项目代码：D621）
4b. 养老金和其他保险福利	与"其他社会保险福利"核算基础相同，包括：其他社会保险养老金、其他社会保险非养老金福利（SNA交易项目代码：D622）
4c. 社会援助福利（不包括实物社会转移）	以相同核算基础纳入（SNA交易项目代码：D623）
4d. 来自非营利机构的经常性转移收入	以相同核算基础纳入（SNA交易项目代码：D751）
4e. 收到的强制和准强制住户间转移	国民账户体系包括来自其他住户（包括居民和非居民）的所有经常性转移，包括现金和实物付款。然而，许多住户之间的转移很难衡量，除非来源于住户调查(SNA交易项目代码：D752)
国民账户体系还包括住户应收取的非人寿保险索赔，这些索赔不包括在住户收入口径中（SNA交易项目代码：D72）	
国民账户体系将赌博输赢部分视为服务费（归属于该部门的所有输赢净额），剩余部分视为住户间转移，这两项均不包括在住户收入口径中。（SNA交易项目代码：D759）	
5. 生产收入（1和3之和）	同口径的SNA指标以下二者之和

<<< 四、住户调查与国民核算住户收入统计口径的差异分析

续表

住户调查住户收入统计	国民核算住户收入统计
（1）员工报酬（减去对超额养老基金的投入）（SNA 交易项目代码：D1）	
（2）GMI，减去 CFC，减去获得 GMI 的实体支付的利息，以及减去在住户收入统计中被视为财产收入（例如租金）的 GMI 组成部分（SNA 交易项目代码：B3n）	
国民核算体系不包括不付费的住户服务和住户耐用消费品服务	
6. 初次收入（2 和 5 之和）	同口径的 SNA 指标以下四者之和
（1）员工报酬（减去对超额养老基金的投入）（SNA 交易项目代码：D1）	
（2）GMI，减去 CFC，减去获得 GMI 的实体支付的利息（SNA 交易项目代码：B3n）	
（3）住户拥有的住宅 GOS，减去 CFC 和利息（SNA 交易项目代码：B2n）	
（4）财产收入，扣除投资基金的估算收益、FISIM 中估算的住户利息收入、非人寿保险的估算保险收益（SNA 交易项目代码：D4）	
国民账户体系不包括不付费的住户服务和住户耐用消费品服务	
7. 总收入（4 和 6 之和）	初次收入的差异同以上对初次收入差异的说明（SNA 交易项目代码：B5n）

107

续表

住户调查住户收入统计	国民核算住户收入统计
国民账户体系还包括住户应收取的非人寿保险索赔，这些索赔不包括在住户收入口径中	
8. 经常性转移支出	
8a. 直接税（扣除退税）	以相同核算基础纳入（SNA 交易项目代码：D51）
8b. 强制性收费和罚款	以相同核算基础纳入（SNA 交易项目代码：D59）
8c. 支付的强制和准强制住户间转移	国民账户体系包括来自其他住户（包括居民和非居民）的所有经常性转移，包括现金和实物付款。然而，许多住户之间的转移很难衡量，除非来源于住户调查（SNA 交易项目代码：D752）
国民账户体系将赌博输赢部分视为服务费（归属于该部门的所有输赢净额），剩余部分视为住户间转移，这两项均不包括在住户收入口径中	
8d. 员工和雇主的社会保险缴款（如果包含在1a中）	雇主的社会保险缴款是"雇员报酬"的一个单独确定的组成部分，并被视为从住户到养老计划的转移。同样，国民账户体系也包括估算的雇主对非基金性超额养老金计划的缴款、雇员自己对养老基金的缴款以及扣除保费后的保险收益（SNA 交易项目代码：D61）

四、住户调查与国民核算住户收入统计口径的差异分析

续表

住户调查住户收入统计	国民核算住户收入统计
8e. 对非营利机构的经常性支出	以相同核算基础纳入（SNA 交易项目代码：D751）
9. 可支配收入（7 与 8 之差）	这里包含多项估算收入差异（SNA 交易项目代码：B6n）
SNA 的可支配收入指标应该：	
（1）扣减在上述不同组成部分上存在差异的 CFC 成分	
（2）扣减构成住户成本一部分的利息和其他支出，这使两者口径进一步接近	
（3）在计算住户可支配收入时，还扣除了住户其他未扣除的财产收入	
10. 收到的实物社会转移（STIK）	以相同核算基础纳入（SNA 交易项目代码：D63）
调整后的可支配收入（9 与 10 之和）	与国民账户体系的一个主要区别是，在得出可支配收入的宏观指标时，扣除了应收的财产收入（SNA 交易项目代码：B7n）

注：表中住户调查住户收入统计口径为《堪培拉专家组手册》推荐的统计口径。

资料来源：UNECE，2011

2. 澳大利亚住户调查和国民核算住户收入的统计差异

ABS（2010）将澳大利亚收入和住房调查（SIH）与澳大利亚国民账户体系（ASNA）的住户收入统计数据进行了对比。从该比较结果来看，澳大利亚住户调查与国民核算住户收入统计数

据主要在政府养老金和补助、自雇非公司企业净收入、自主住房估算租金净收入等方面差距较大（参见表4-2）。

表4-2 SIH 与 ASNA 住户收入比较

2007—2008年收入	SIH（亿美元）	ASNA（亿美元）	SIH占ASNA的比例（%）
可比较收入			
工资和薪酬	5131	5121	100.2
政府养老金和补助	646	872	74.0
自雇非公司企业（净收入）	434	587	74.0
利息和分红	436	414	105.2
自住住房估算租金毛收入	819	818	100.0
减：费用	523	488	-
自住住房估算租金净收入	296	331	89.4
住房出租损益	-11	-10	111.3
工作赔偿	13	64	19.9
可比较收入合计	6944	7379	94.1
不可比较收入			
超额养老金和年金收入	206	-	-
来自其他住户成员的资助	83	-	-
非寿险资产收入	5	200	-
其他收入	23	-	-
不可比较收入合计	316	-	-

注：ASNA数据不含不能与SIH数据直接比较的部分，如雇主社会保险缴款、估算的投资收入利息、利润再投资收益、间接测算的金融中介服务（FISIM）包含在总营业盈余（GOS）中的利息收入和支出等。

(二) 中国住户调查与国民核算住户收入统计口径的差异

1. 关于二者差异的已有研究成果

许宪春先后于 2013 年和 2014 年发表论文（许宪春，2013；许宪春，2014a）对中国住户调查与国民核算住户收入统计主要是可支配收入的口径差异进行了分析，我们可以将分析结果进行列表（参见表 4-3）。前后两次研究中，前者分析的是住户调查一体化改革前的住户调查与国民核算住户收入统计的口径差异，后者分析的则是住户调查一体化改革后的住户调查与国民核算住户收入统计的口径差异，对我们进一步澄清二者之间的口径，特别是搞清楚二者之间在具体口径上的差异和联系，从而把握统计口径的实际变动情况，具有很明确的参考价值。

表 4-3　住户调查与国民核算住户收入统计口径差异的主要研究成果

住户调查 指标	国民核算 指标	改革前二者差异 （许宪春，2013）	改革后二者差异 （许宪春，2014）
工资性 收入	劳动者 报酬	1. 资金流量表劳动者报酬含单位缴纳的社会保险缴款、住房公积金、行政事业单位的离退休金及公费医疗和医疗费，住户调查工资性收入不含 2. 资金流量表劳动者报酬含个体经营户业主及其家庭成员的劳动报酬以及农户户主及其家庭成员的劳动报酬和农户创造的利润，住户调查工资性收入不含	资金流量表劳动者报酬含个体经营户业主及其家庭成员的劳动报酬以及农户户主及其家庭成员的劳动报酬和农户创造的利润，住户调查工资性收入不含

续表

住户调查指标	国民核算指标	改革前二者差异（许宪春，2013）	改革后二者差异（许宪春，2014）
经营净收入	营业盈余	1. 住户调查经营净收入含个体经营户的业主及其家庭成员的劳动报酬和个体经营户创造的利润以及农户户主及其家庭成员的劳动报酬和农户创造的利润，资金流量表营业盈余仅含个体经营户创造的利润 2. 资金流量表营业盈余含农户得到的农业生产补贴，住户调查经营净收入不含农业生产补贴	住户调查经营净收入含个体经营户的业主及其家庭成员的劳动报酬和个体经营户创造的利润以及农户户主及其家庭成员的劳动报酬和农户创造的利润，资金流量表营业盈余仅含个体经营户创造的利润
财产性收入（改革前）或财产净收入（改革后）	财产净收入	1. 资金流量表财产净收入为应收财产收入与应付财产收入的差额，住户调查为财产性收入未扣除财产性支出 2. 资金流量表财产净收入是应收收入，住户调查财产性收入为实收收入 3. 资金流量表出租房屋的租金净收入计入住户部门增加值，住户调查计入财产性收入 4. 住户调查中财产转让溢价部分计入财产性收入，资金流量表的住户部门可支配收入不含财产转让溢价部分	资金流量表财产净收入是应收收入，住户调查财产性收入为实收收入
转移性收入（改革前）或转移净收入（改革后）	经常转移净收入	1. 资金流量表经常转移净收入为经常转移收入与经常转移支出的差额，住户调查为转移性收入，未完全扣除转移性支出 2. 资金流量表经常转移净收入含单位缴纳的社会保险缴款（减项），住户调查不含该项转移性支出 3. 住户调查转移性收入含行政事业单位职工的离退休金，资金流量表经常转移净收入不含 4. 住户调查转移性收入含个人提取的住房公积金，资金流量表经常转移净收入不含	住户调查转移性收入含个人提取的住房公积金，资金流量表经常转移净收入不含

资料来源：根据有关文献整理

2. 关于二者口径差异的比较框架

总的来看，中国住户调查与国民核算住户收入二者之间的口径差异较为复杂，具体的比较实际上涉及诸多细节问题，如会计核算基础等。沿用《堪培拉专家组手册》对二者之间差异的比较思路，结合已有研究成果，我们可以对中国住户调查与国民核算住户收入二者之间的主要口径差异进行表列，展示住户调查与国民核算住户收入之间的对应关系（参见表4-4）。

第一，可以将住户调查下"工资性收入"与国民核算下"劳动者报酬（来源方）－劳动者报酬（运用方）"视为具有大体相当的口径，其中扣减项"劳动者报酬（运用方）"为农户和个体工商户工资，而住户调查下农户和个体工商户工资应为"经营净收入"的内容。这是因为，住户调查下"经营净收入＝经营收入－经营费用－生产性固定资产折旧－生产税"，其中"生产经营费用指住户在调查期内从事农业、林业、牧业和渔业经营活动中所投入的费用成本，包括生产经营活动中购买的商品和服务、雇工支出、消耗的自产自用产品等"，不包含农户和个体工商户工资，所以"经营净收入"包含了农户和个体工商户工资，而"工资性收入"不应包含农户和个体工商户工资。吕光明和李莹（2015）的文章显示，经过2004年和2008年两次调整，资金流量表（非金融交易）中住户部门的劳动者报酬（运用方）不仅包括农户和个体工商户的雇工工资，也包括从混合收入中分劈估算的农户和个体工商户工资。因而将"劳动者报酬（运用方）"从"劳动者报酬（来源方）"中剔除出来就可以达到剔除农户和个体工商户工资的目的。

第二，可以将住户调查下"经营净收入"与国民核算下"增加值（来源方）+生产税净额（来源方）-生产税净额（运用方）-增加值_固定资产折旧（来源方）-增加值_房屋出租营业盈余（来源方）-增加值_房屋自住营业盈余（来源方）"视为具有大体相当的口径。从增加值构成内容上来看，"增加值（来源方）+生产税净额（来源方）-生产税净额（运用方）-增加值_固定资产折旧（运用方）"即为住户部门的"劳动者报酬"和"营业盈余"，因而"经营净收入"与国民核算中"劳动者报酬"与扣除房屋出租和房屋自主部分的"营业盈余"之和相对应。

第三，可以将住户调查下"财产净收入"与国民核算下"财产收入（来源方）-财产收入（运用方）+增加值_房屋出租营业盈余（来源方）+增加值_房屋自住营业盈余（来源方）-住户部门在金融企业存款分摊的虚拟服务费-住户部门在金融企业贷款分摊的虚拟服务费"视为具有大体相当的口径。也就是说，与住户调查下"财产净收入"相比，国民核算下"财产收入（来源方）-财产收入（运用方）"需要做两方面的调整才能与其在口径上相当。一是加上房屋出租和房屋自主部分的"营业盈余"，即"增加值_房屋出租营业盈余（来源方）+增加值_房屋自住

>>> 四、住户调查与国民核算住户收入统计口径的差异分析

营业盈余（来源方）"。在国民核算下，该部分营业盈余需要从增加值中调过来。二是扣减间接测算的金融中介服务（FISIM），即"住户部门在金融企业存款分摊的虚拟服务费＋住户部门在金融企业贷款分摊的虚拟服务费"。由于国民核算下将该项虚拟服务费计入了财产收入，而住户调查下未计入该项虚拟服务费，因而需要对其加以扣减以实现口径上的协调。

第四，可以将住户调查下"转移净收入"与国民核算下"经常转移（来源方）－经常转移（运用方）"视为具有大体相当的口径。尽管二者在细节上仍然存在差异，但是从现有口径上大体可以将住户调查下"转移净收入"与国民核算下"经常转移（来源方）－经常转移（运用方）"视为具有相当口径。

第五，可以将住户调查下"可支配收入"与国民核算下"可支配总收入（来源方）－增加值_固定资产折旧（来源方）－住户部门在金融企业存款分摊的虚拟服务费－住户部门在金融企业贷款分摊的虚拟服务费"视为具有大体相当的口径。也就是说，国民核算下"可支配总收入"口径是大于住户调查下"可支配收入"的。要实现与住户调查下"可支配收入"口径可比，需要从国民核算下"可支配总收入（来源方）"中扣减两部分内容。一是固定资产折旧和消耗，即"增加值_固定资产折旧（运用方）"。二是间接测算的金融中介服务（FISIM），即"住户部门在金融企业存款分摊的虚拟服务费＋住户部门在金融企业贷款分摊的虚拟服务费"。

115

表4-4 住户调查与国民核算住户收入口径差异的比较框架

序号	住户调查指标	国民核算指标
1	工资性收入	劳动者报酬（来源方）-劳动者报酬（运用方）
2	经营净收入	增加值（来源方）+生产税净额（来源方）-生产税净额（运用方）-增加值_固定资产折旧（来源方）-增加值_房屋出租营业盈余（来源方）-增加值_房屋自住营业盈余（来源方）
3	财产净收入	财产收入（来源方）-财产收入（运用方）+增加值_房屋出租营业盈余（来源方）+增加值_房屋自住营业盈余（来源方）-住户部门在金融企业存款分摊的虚拟服务费-住户部门在金融企业贷款分摊的虚拟服务费
4	转移净收入	经常转移（来源方）-经常转移（运用方）
合计	可支配收入	可支配总收入（来源方）-增加值_固定资产折旧（来源方）-住户部门在金融企业存款分摊的虚拟服务费-住户部门在金融企业贷款分摊的虚拟服务费

资料来源：作者分析整理

（三）中国住户调查与国民核算住户收入差异统计分析

从1992年编制第一张资金流量表以来，我国资金流量表编制方法主要在2012年经历过一次较大的调整。根据财政部提供的全口径财政收支详细资料、国家外汇管理局修订后的国际收支平衡表数据，以及部分交易项目编制方法的调整，当年国家统计局对2000—2009年实物交易资金流量表进行了一次系统性修订，而据国家统计局的说明信息，1992—1999年资金流量表

>>> 四、住户调查与国民核算住户收入统计口径的差异分析

也在修订之列,但至今尚未公布。鉴于这一次系统性修订的发生,我们目前主要有两种资金流量表数据,一种是1992—1999年修订前的数据,另一种则是2000—2016年修订后的数据。以下我们主要以2000—2016年资金流量表数据以及住户调查数据对中国住户调查与国民核算住户收入之间的差异进行统计分析。为了方便比较起见,国民核算住户收入数据均以常住人口数为依据计算人均数。

1. 住户调查下"工资性收入"与国民核算相应数据差异分析

以表4-4的比较框架为基础,我们可以对2000—2016年住户调查人均工资性收入与国民核算相应数据进行计算和比较(参见表4-5)。从表4-5来看,2000—2016年住户调查得到的人均工资性收入均低于国民核算得到的人均工资性收入,住户调查人均工资性收入占国民核算数的比例大体在70%~90%之间,年度之间有所波动。如果将2013—2016年城乡住户调查一体化改革以来的数据单独考虑,则2000—2012年间住户调查人均工资性收入占国民核算数的比例大体在80%左右。2013—2016年住户调查人均工资性收入占国民核算数的比例总体下降到71%~72%之间,应与城乡住户调查一体化改革中将统计范围覆盖到农民工这一变动有密切关系。

117

表 4-5 住户调查与国民核算住户人均工资性收入差异情况

年份	住户调查 人均工资性收入（元/人）(1)	国民核算 劳动者报酬（来源方）（亿元）(2)	国民核算 劳动者报酬（运用方）（亿元）(3)	国民核算 常住人口（万人）(4)	国民核算 人均工资性收入（元/人）(5)=((2)-(3))×10000/(4)	住户调查数占国民核算数的比例（%）(6)=(1)/(5)×100%
2000	2039.8	52242.87	19137.12	126743	2612.0	78.1
2001	2254.6	57529.83	20700.67	127627	2885.7	78.1
2002	2697.6	64501.51	23023.24	128453	3229.1	83.5
2003	3060.9	71735.74	25725.81	129227	3560.4	86.0
2004	3451.8	80950.75	29647.26	129988	3946.8	87.5
2005	3859.3	93147.99	34220.05	130756	4506.7	85.6
2006	4426.1	106369	39153.59	131448	5113.5	86.6
2007	5222.4	127918.92	46608.61	132129	6153.9	84.9
2008	5840.6	150511.69	54722.51	132802	7212.9	81.0
2009	6480.6	166957.94	60186.58	133450	8000.9	81.0
2010	7319.9	190869.47	68530.97	134091	9123.5	80.2
2011	8313.1	222423.84	80385.47	134735	10542.1	78.9
2012	9378.9	256563.94	93667.82	135404	12030.4	78.0
2013	10410.8	298966.09	101415.27	136072	14518.1	71.7
2014	11420.6	328347.37	109675.08	136782	15986.9	71.4
2015	12459	357075.81	117323.05	137462	17441.4	71.4
2016	13455.2	386563.58	126551.73	138271	18804.5	71.6

资料来源：《中国住户调查年鉴-2018》、国家统计局国家统计数据库

2. 住户调查下"经营净收入"与国民核算相应数据差异分析

以表 4-4 的比较框架为基础，我们可以对 2000—2016 年住户

<<< 四、住户调查与国民核算住户收入统计口径的差异分析

调查人均经营净收入与国民核算相应数据进行计算和比较。考虑国民核算住户人均经营净收入同等口径为"增加值（来源方）+生产税净额（来源方）-生产税净额（运用方）-增加值_固定资产折旧（来源方）-增加值_房屋出租营业盈余（来源方）-增加值_房屋自住营业盈余（来源方）"，考虑现行资金流量表住户部门增加值计算中房屋出租和自住增加值均直接以房屋折旧计算，因而相应营业盈余应为零，同时考虑生产税净额均只有运用方余额，该口径可以简化为"增加值（来源方）-生产税净额（运用方）-增加值_固定资产折旧（来源方）"。由于住户部门固定资产折旧数据不可得，在假定固定资产形成总额与折旧规模相当的情况下（通常固定资产形成总额波动性更大），进一步考虑用"资本形成总额_固定资本形成总额（运用方）"来对"增加值_固定资产折旧（来源方）"进行估计。据此，可以对国民核算下的人均经营净收入进行计算，并将其与住户调查下的人均经营净收入加以比较（参见表4-6）。从表4-6来看，2000—2016年住户调查人均经营净收入占国民核算数的比例总体在55%，差异较大，可能与住户调查和国民核算在自有房屋增加值的估算方法方面的差异有关，同时年度之间波动较大，应该与用"资本形成总额_固定资本形成总额（运用方）"估计"增加值_固定资产折旧（来源方）"，致使该部分扣减额波动较大有关。

表4-6 住户调查与国民核算住户人均经营净收入差异情况

年份	住户调查 人均经营净收入（元/人）(1)	国民核算 增加值（来源方）（亿元）(2)	生产税净额（运用方）（亿元）(3)	增加值_固定资产折旧（来源方）（亿元）(4)	常住人口（万人）(5)	人均经营净收入（元/人）(6)=((2)-(3)-(4))×10000/(5)	住户调查数占国民核算数的比例(%) (7)=(1)/(6)×100%
2000	1019	31916.3	1159.84	7493.37	126743	1835.5	55.5
2001	1038.3	33499.5	999.26	9015.27	127627	1840.1	56.4
2002	1067.2	34364	1081.89	10264.32	128453	1791.9	59.6
2003	1122.4	39806.49	1548.92	13189.32	129227	1939.9	57.9
2004	1277	44677.09	1202.09	17021.37	129988	2035.1	62.7
2005	1410.1	51612.11	1290.11	21504.63	130756	2203.9	64.0
2006	1511.2	60088.43	1420.52	20117.38	131448	2932.8	51.5
2007	1710.9	73130.07	2773.36	22280.11	132129	3638.6	47.0
2008	2081.7	83542.89	2066.59	24918.39	132802	4258.8	48.9
2009	2154.1	92511.4	602.72	32039.85	133450	4486.2	48.0

四、住户调查与国民核算住户收入统计口径的差异分析

续表

年份	住户调查 人均经营净收入（元/人）(1)	国民核算 增加值（来源方）（亿元）(2)	生产税净额（运用方）（亿元）(3)	增加值_固定资产折旧（来源方）（亿元）(4)	常住人口（万人）(5)	人均经营净收入（元/人）(6) =((2)-(3)-(4))×10000/(5)	住户调查数占国民核算数的比例（%）(7)=(1)/(6)×100%
2010	2402.2	112270.34	1015.22	38161.37	134091	5451.1	44.1
2011	2845.8	132941.36	1220.45	53887.33	134735	5776.8	49.3
2012	3172.2	145475.09	1992.02	60068	135404	6160.5	51.5
2013	3434.7	144991.52	2950.56	69897.9	136072	5301.8	64.8
2014	3732	156800.41	3148.27	73499.44	136782	5859.9	63.7
2015	3955.6	167734.57	4188	70935.26	137462	6737.2	58.7
2016	4217.7	180928.64	4390.34	51730.5	138271	9026.3	46.7

注：表中"增加值_固定资产折旧（来源方）"以"资本形成总额_固定资本形成总额（运用方）"进行估计。

资料来源：《中国住户调查年鉴-2018》，国家统计局国家统计数据库

121

3. 住户调查下"财产净收入"与国民核算相应数据差异分析

以表4-4的比较框架为基础，我们可以对2000—2016年住户调查人均财产净收入与国民核算相应数据进行计算和比较。考虑国民核算住户人均财产净收入同等口径为"财产收入（来源方）-财产收入（运用方）+增加值_房屋出租营业盈余（来源方）+增加值_房屋自住营业盈余（来源方）-住户部门在金融企业存款分摊的虚拟服务费-住户部门在金融企业贷款分摊的虚拟服务费"，考虑现行资金流量表住户部门增加值计算中房屋出租和自住增加值均直接以房屋折旧计算，因而相应营业盈余应为零，该口径可以简化为"财产收入（来源方）-财产收入（运用方）-住户部门在金融企业存款分摊的虚拟服务费-住户部门在金融企业贷款分摊的虚拟服务费"。

进一步的，"住户部门在金融企业存款分摊的虚拟服务费"与"住户部门在金融企业贷款分摊的虚拟服务费"可以合并为"住户部门在金融企业分摊的虚拟服务费"加以计算。对于FISIM的计算，近年来国内学者从理论和实践上都多有讨论，比较有代表性的包括侧重理论发展脉络和实践进展梳理的研究，主要是杨灿和曹小艳（2009）、韩维（2011）、蒋萍和贾小爱（2012）、贾小爱（2013a、2013b）等，也有侧重CSNA2016实施背景下FISIM最新核算方法及其影响的探讨，主要是徐蔼婷和李佩瑾（2017）、杜金柱和杜治秀（2018）、徐蔼婷和邱可阳（2019）等。总的来看，我国FISIM核算实践经历了从利息净收入及其分摊法

四、住户调查与国民核算住户收入统计口径的差异分析

为核心的核算方法向参考利率法的演进，核算方法上日益与SNA2008的要求趋同，具体核算上则依赖更多的统计资料，核算方法较为繁杂。为了简便起见，我们采用一种简单推算方法，利用资金流量表（非金融交易）现有数据对"住户部门在金融企业分摊的虚拟服务费"的总体规模进行推算。推算的原理在于，依据资金流量表编制方法，住户部门：

财产收入_利息（来源方）

=住户部门实际应收存款利息+住户部门在金融企业存款分摊的虚拟服务费+住户部门股票以外证券利息所得

财产收入_利息（运用方）

=住户部门实际应付贷款利息－住户部门在金融企业贷款分摊的虚拟服务费

据此，可以推算得到：

财产收入_利息（来源方）－财产收入_利息（运用方）

=住户部门实际应收存款利息－住户部门实际应付贷款利息

+住户部门在金融企业存款分摊的虚拟服务费+住户部门在金融企业贷款分摊的虚拟服务费+住户部门股票以外证券利息所得

表4-7　住户调查与国民核算住户人均经营净收入差异情况

年份	2011年	2012年	2013年	2014年	2015年	2016年	2011—2016年
政府国债余额变动（亿元）	6142	8783	12949	11804	47252	71207	158137
住户部门持有国债余额变动（亿元）	-794	2594	3737	509	2112	245	8403
住户部门余额变动占比（%）	-12.93	29.53	28.86	4.31	4.47	0.34	5.31

资料来源：历年《中国统计年鉴》资金流量表（金融交易）数据

当前我国住户部门股票以外证券包括债券等持有规模总体较小。我国个人投资者主要通过银行柜台市场参与债券交易，即使是个人投资者持有规模最大的国债，也仅占国债发行总额的很小份额。如表4-7所示，近年来的资金流量表（金融交易）显示，2011—2016年住户部门持有国债余额变动占政府国债余额变动的比例仅为5.31%。2016年我国才开始向合格的个人投资者开放银行间债券市场，此外交易所债券市场个人投资者参与规模也较小。据统计，交易所债券市场个人投资者持有份额仅在3%左右[1]。同时，考虑到以利息净收入为基础的FISIM核算方法下"住户部门实际应收存款利息-住户部门实际应付贷款利息"应与"住户部门在金融企业存款分摊的虚拟服务费+住户部门在金

---

[1] 王莹丽. 浅谈国债期货上市对股市的影响 [N]. 期货日报，2013-04-17 (004).

四、住户调查与国民核算住户收入统计口径的差异分析

融企业贷款分摊的虚拟服务费"(即"住户部门在金融企业分摊的虚拟服务费")规模大体相当,我们不难得到"住户部门在金融企业分摊的虚拟服务费"的推算公式如下:

住户部门在金融企业分摊的虚拟服务费

=〔财产收入_利息(来源方)-财产收入_利息(运用方)〕/2

根据以上计算思路,我们可以对国民核算下的人均财产净收入进行计算,并将其与住户调查下的人均财产净收入加以比较(参见表4-8)。从表4-8来看,2000—2016年住户调查人均财产净收入占国民核算数的比例总体在100%以上,2011年以来大多数年份已经超过200%,应该主要与住户调查财产净收入中自有房屋的出租或自住相关财产收入的处理方法不同有关。按照资金流量表的处理方法,自有房屋的出租或自住产生的收入仅用于补偿折旧,没有营业盈余,从而不产生财产收入,这与农村住户调查的处理方法相同,但与城镇住户调查的处理方法不同,因而使得住户调查人均财产净收入总体上超过国民核算下的人均财产净收入数。

表4-8 住户调查与国民核算住户人均财产净收入差异情况

年份	住户调查 人均财产净收入（元/人）(1)	财产收入（来源方）（亿元）(2)	财产收入（运用方）（亿元）(3)	住户部门在金融企业分摊的虚拟服务费（亿元）(4)	常住人口（万人）(5)	人均财产净收入（元/人）(6)=[(2)-(3)-(4)]×10000/(5)	住户调查数占国民核算数的比例（%）(7)=(1)/(6)×100%
2000	84.2	3065.2	1116.42	887.02	126743	83.8	100.5
2001	94.1	2943.72	1024.4	828.25	127627	85.5	110.1
2002	83.8	2983	941.81	834.43	128453	93.9	89.2
2003	118.6	3211.95	967	977.265	129227	98.1	120.9
2004	150.9	3768.38	1057.2	1110.44	129988	123.1	122.5
2005	192.7	4481.43	1214.32	1289.555	130756	151.2	127.4
2006	259.7	7246.37	2014.77	2078.465	131448	239.9	108.3
2007	402	9828.88	2690.61	2295.33	132129	366.5	109.7
2008	484.4	11791.93	3661.96	3080.46	132802	380.2	127.4
2009	588.9	11359.06	3495.07	2799.64	133450	379.5	155.2

<<< 四、住户调查与国民核算住户收入统计口径的差异分析

续表

年份	住户调查 人均财产净收入（元/人） (1)	国民核算 财产收入（来源方）（亿元） (2)	国民核算 财产收入（运用方）（亿元） (3)	国民核算 住户部门在金融企业分摊的虚拟服务费（亿元） (4)	国民核算 常住人口（万人） (5)	人均财产净收入（元/人） (6) = [(2) − (3) − (4)] ×10000/(5)	住户调查数占国民核算数的比例（%） (7) = (1) / (6) ×100%
2010	778.4	12956.68	4685.79	2793.4	134091	408.5	190.6
2011	1047.4	18853.23	8329.57	3813.155	134735	498.1	210.3
2012	1231	24336.56	11253.37	4636.25	135404	623.8	197.3
2013	1423.3	21824.44	7656.33	5415.395	136072	643.2	221.3
2014	1587.8	24508.76	9360.08	5476.975	136782	707.1	224.6
2015	1739.6	24908.81	10216.2	4681.625	137462	728.3	238.9
2016	1889	27251.54	9959.71	4905.845	138271	895.8	210.9

资料来源：《中国住户调查年鉴–2018》，国家统计局国家统计数据库

127

4. 住户调查下"转移净收入"与国民核算相应数据差异分析

以表4-4的比较框架为基础，我们可以对2000—2016年住户调查人均转移净收入与国民核算相应数据进行计算和比较（参见表4-9）。从表4-9来看，2000—2016年住户调查得到的人均转移净收入均大幅高于国民核算得到的人均转移净收入，倍数常年在10倍以上。比如，2016年住户调查人均转移净收入为4259.1元/人，而国民核算人均转移净收入仅为411.7元/人，住户调查数是国民核算数的10倍以上。

表4-9 住户调查与国民核算住户人均转移净收入差异情况

年份	住户调查 人均转移净收入（元/人）	国民核算 经常转移（来源方）（亿元）	国民核算 经常转移（运用方）（亿元）	常住人口（万人）	人均转移净收入（元/人）	住户调查数占国民核算数的比例（%）
	(1)	(2)	(3)	(4)	(5) = [(2)-(3)]×10000/(4)	(6) = (1)/(5)×100%
2000	578.4	3950.88	3223.21	126743	57.4	1007.4
2001	683.4	4674.24	4057.62	127627	48.3	1414.5
2002	683	5783.83	5162.07	128453	48.4	1411.0
2003	704.8	7069.97	6313.98	129227	58.5	1204.8
2004	781.2	8671.95	7652.7	129988	78.4	996.3
2005	922.6	9961.94	9568.84	130756	30.1	3068.8
2006	1031.8	11910.41	11598.92	131448	23.7	4354.2
2007	1248.3	14654.49	14901.14	132129	-18.7	-6687.1
2008	1549.8	18900.87	18370	132802	40.0	3877.0
2009	1753.8	22214.48	21456.14	133450	56.8	3086.3

四、住户调查与国民核算住户收入统计口径的差异分析

续表

年份	住户调查 人均转移净收入（元/人）	国民核算 经常转移（来源方）（亿元）	国民核算 经常转移（运用方）（亿元）	常住人口（万人）	人均转移净收入（元/人）	住户调查数占国民核算数的比例（%）
	（1）	（2）	（3）	（4）	（5）=[（2）-（3）]×10000/（4）	（6）=（1）/（5）×100%
2010	2019	27044	25786.77	134091	93.8	2153.4
2011	2344.5	33307.54	31817.9	134735	110.6	2120.6
2012	2727.4	37959.68	36022.9	135404	143.0	1906.8
2013	3042.1	44180.27	40826.8	136072	246.4	1234.4
2014	3426.8	49171.6	45534.75	136782	265.9	1288.8
2015	3811.9	55779.75	51142.49	137462	337.3	1130.0
2016	4259.1	61326.73	55633.96	138271	411.7	1034.5

资料来源：《中国住户调查年鉴－2018》、国家统计局国家统计数据库

为了查明住户调查数大幅高于国民核算数的原因，我们进一步来看人均转移净收入的明细差异情况。如表4－10所示，二者差异较大的原因从数值上分析主要是住户调查转移性收入大于国民核算经常转移（来源方）的同时，住户调查转移性支出小于国民核算经常转移（运用方）。考虑到国民核算数据依据的社会保险缴款和福利数据更为准确，我们认为在住户调查中应该存在高估人均社会保险福利收入同时低估社会保险缴款的可能性，从而从统计结果上显示人均转移净收入的住户调查数大幅高于国民核算数的特殊情况。

表 4-10　住户调查与国民核算住户人均转移净收入明细差异情况

类别	指标	2013 年	2014 年	2015 年	2016 年
住户调查	转移性收入	3930	4417	4959	5570
	其中：养老金或离退休金	2726	3083	3524	3979
	转移性支出	888	991	1147	1311
	其中：个人缴纳的社会保障支出	614	700	848	1001
国民核算	经常转移（来源方）	3247	3595	4058	4435
	其中：社会保险福利	2112	2462	2846	3154
	经常转移（运用方）	3000	3329	3720	4024
	其中：社会保险缴款	2099	2339	2627	2822

资料来源：《中国住户调查年鉴-2018》、国家统计局国家统计数据库

5. 住户调查下"可支配收入"与国民核算相应数据差异分析

以表4-4的比较框架为基础，我们可以对2000—2016年住户调查人均可支配收入与国民核算相应数据进行计算和比较（参见表4-11）。从表4-11来看，2000—2016年住户调查得到的人均可支配收入均低于国民核算得到的人均可支配收入，住户调查人均可支配收入占国民核算数的比例大体在80%～95%之间，年度之间有所波动。总的来看，人均可支配收入的住户调查数小于国民核算数，且看起来较为稳定，但是这一结果的背后潜藏的结构性差异问题是不尽相同的，因此对于住户调查与国民核算住户收入的口径差异这一问题的解答并不存在一个简单的答案，而是需要从二者结构性差异及统计资料来源等多个方面来识别可能的原因。

<<< 四、住户调查与国民核算住户收入统计口径的差异分析

表 4-11 住户调查与国民核算住户人均可支配收入差异情况

年份	住户调查 人均可支配收入 (元/人) (1)	国民核算 可支配总收入 (来源方) (亿元) (2)	国民核算 增加值_固定资产折旧 (来源方) (亿元) (3)	国民核算 住户部门在金融企业分摊的虚拟服务费 (亿元) (4)	常住人口 (万人) (5)	人均可支配收入 (元/人) (6) = [(2) - (3) - (4)] ×10000/(5)	住户调查数占国民核算数的比例 (%) (7) = (1)/(6) ×100%
2000	3721.3	66538.67	7493.37	887.02	126743	4588.7	81.1
2001	4070.4	71865.34	9015.27	828.25	127627	4859.6	83.8
2002	4531.6	77423.32	10264.32	834.43	128453	5163.3	87.8
2003	5006.7	87268.45	13189.32	977.265	129227	5656.9	88.5
2004	5660.9	98508.92	17021.37	1110.44	129988	6183.4	91.5
2005	6384.7	112910.16	21504.63	1289.555	130756	6891.9	92.6
2006	7228.8	131426.42	20117.38	2078.465	131448	8309.8	87.0
2007	8583.5	158558.63	22280.11	2295.33	132129	10140.3	84.6
2008	9956.5	185926.31	24918.39	3080.46	132802	11891.9	83.7
2009	10977.5	207302.37	32039.85	2799.64	133450	12923.4	84.9

131

中国住户调查住户收入统计差异研究：以国民核算为基准 >>>

续表

年份	住户调查 人均可支配收入（元/人）(1)	国民核算 可支配总收入（来源方）（亿元）(2)	增加值_固定资产折旧（来源方）（亿元）(3)	住户部门在金融企业分摊的虚拟服务费（亿元）(4)	常住人口（万人）(5)	人均可支配收入（元/人）(6) = [(2) − (3) − (4)] ×10000/(5)	住户调查数占国民核算数的比例（%）(7) = (1)/(6) ×100%
2010	12519.5	243121.74	38161.37	2793.4	134091	15076.8	83.0
2011	14550.7	285772.58	53887.33	3813.155	134735	16927.5	86.0
2012	16509.5	321399.16	60068	4636.25	135404	18957.7	87.1
2013	18310.8	357113.36	69897.9	5415.395	136072	20709.6	88.4
2014	20167.1	391109.95	73499.44	5476.975	136782	22819.8	88.4
2015	21966.2	422629.21	70935.26	4681.625	137462	25244.2	87.0
2016	23821	459534.74	51730.5	4905.845	138271	29138.3	81.8

资料来源：《中国住户调查年鉴-2018》、国家统计局国家统计数据库

132

参考文献

[1] ABS. Micro and Macro Economic Estimates for Australian Households: Recent Developments and Future Directions [C]. Paper Presented at the General Conference of the International Association for Research in Income and Wealth (IARIW). Switzerland, 2010 – 08 – 22.

[2] BRANDOLINI A, CANNARI L. Methodological Appendix: the Bank of Italy' Survey of Household Income and Wealth [M] // ANDO A, GUISO L and VISCO I. Saving and the Accumulation of Wealth: Essays on Italian Household and Government Saving Behavior. Cambridge: Cambridge University Press, 1994.

[3] CHAMON M D, PRASAD E S. Why Are Saving Rates of Urban Households in China Rising? [J]. American Economic Journal: Macroeconomics, 2010, 2 (1): 93 – 130.

[4] DEATON A. Measuring Poverty in a Growing World [J].

Review of Economics and Statistics, 2005, 87 (1): 1 – 19.

[5] Dupré M T. The Current Status of the Concept of Income from Employment and Its Relationship with Existing Income Concepts [C]. Paper prepared for the Advisory Income Steering Group, Eurostat Directorate of Social and Regional Statistics and Structural Plans. Luxembourg, 1997.

[6] Eurostat, IMF, OECD, UN, World Bank. System of national accounts 1993 [M]. Brussels/Luxembourg, New York, Paris, Washington, D. C. , 1993.

[7] ILO. Resolution Concerning the Measurement of Employment-related Income [M]. 16th International Conference of Labour Statisticians. Geneva, 1998.

[8] JAPPELLI T, MODIGLIANI F. The Age – Saving Profile and the Life – Cycle Hypothesis [M] // FRANCO F. The Collected Papers of Franco Modigliani, Vol. 6. Cambridge: MIT Press, 2005.

[9] MCCOLL B, BILLING J, KINDERMANN B, BURGESS H. Micro and macro economic estimates for Australian households: Recent developments and future directions [C]. Paper Prepared for the 31st General Conference of the International Association for Research in Income and Wealth (IARIW). St. Gallen, Switzerland, 2010 – 8 – 22.

[10] NORRLOF C. Issues in the Revision of the International Income Distribution Guidelines [C]. Paper presented at the 19th General

Conference of the International Association for Research in Income and Wealth (IARIW). Noordwijkerhout, Netherlands, 1985 – 8 – 25.

[11] OECD, IMF, ILO, CIS STAT. Measuring the Non – Observed Economy: A Handbook [M]. Paris: OECD Publications Service, 2002.

[12] RAVALLION M. Measuring Aggregate Welfare in Developing Countries: How Well Do National Accounts and Surveys Agree? [J]. Review of Economics and Statistics, 2003, 85 (3): 645 – 652.

[13] SMEEDING T. The IARIW Session on International Standards on Income and Wealth Distributions: A Summary [C]. Paper presented at the First meeting of the International Expert Group on Household Income Statistics. Canberra, 1996 – 12 – 2.

[14] UN. Measurement of national income and the construction of social accounts, report of the subcommittee on national accounts of the league of nations committee of statistical experts [J]. Studies and Reports on Statistical Methods, No. 7. United Nations, New York, 1947.

[15] UN. A System of National Accounts and supporting tables [J]. Studies in Methods, Series F, No. 2. United Nations, New York, 1953.

[16] UN. A System of National Accounts and supporting tables [J]. Studies in Methods, Series F, No. 2, Rev. United Nations, New York, 1960.

[17] UN. A System of National Accounts and supporting tables [J]. Studies in Methods, Series F, No. 2, Rev. 2. United Nations, New York, 1964.

[18] UN. A System of National Accounts [J]. Studies in Methods, Series F, No. 2, Rev. 3. United Nations, New York, 1968.

[19] UNECE. Guide on Valuing Unpaid Household Service Work [M]. United Nations, New York and Geneva, 2017.

[20] UNECE. Canberra Group Handbook on Household Income Statistics (Second Edition) [M]. New York: United Nations Publications, 2011.

[21] United Nations. A Survey of National Sources of Income Distribution Statistics [J]. Working Paper Series, Studies in Methods, Series M, No. 72. UNDESA, New York, 1981.

[22] United Nations. National Accounts Statistics: Compendium of Income Distribution Statistics [J]. Working Paper Series M, No. 79. UNDESA, New York, 1985.

[23] United Nations. Provisional Guide-lines on Statistics of the Distribution of Income, Consumption and Accumulation of Households [J]. Working Paper Series, Studies in Methods, Series M, No. 61. UNDESA. New York, 1977.

[24] 杜金柱，杜治秀. FISIM 的参考利率核算方法及对中国 GDP 影响的实证研究 [J]. 管理世界，2018, 34 (7)：168-169.

[25] 杜治秀. FISIM 核算若干问题研究 [J]. 统计研究, 2017, 34 (9): 90 - 99.

[26] 国家统计局. 中国国民经济核算体系 (2002) [M]. 北京: 中国统计出版社, 2003.

[27] 国家统计局. 中国国民经济核算体系 - 2016 [M]. 北京: 中国统计出版社, 2017.

[28] 国家统计局国民经济核算编写组. 中国国民经济核算体系 (试行方案) [M]. 北京: 中国统计出版社, 1992.

[29] 国家统计局国民经济核算司, 中国人民银行调查统计司. 中国资金流量表编制方法 [M]. 北京: 中国统计出版社, 1997.

[30] 国家统计局国民经济核算司. 中国经济普查年度国内生产总值核算方法 [M]. 北京: 中国统计出版社, 2007a.

[31] 国家统计局国民经济核算司. 中国经济普查年度资金流量表编制方法 [M]. 北京: 中国统计出版社, 2007b.

[32] 韩维. FISIM 核算理论的研究与发展 [J]. 华北金融, 2011 (3): 58 - 60.

[33] 黄靖贵. 基于时序分解的中国季度实物资金流量表的编制 [J]. 统计与决策, 2018, 34 (8): 5 - 11.

[34] 贾小爱. 间接测算的金融中介服务产出核算方法研究 [D]. 大连: 东北财经大学, 2013a.

[35] 贾小爱. 论 FISIM 的核算主体、客体与载体 [J]. 统

计研究, 2013b, 30 (8): 32-38.

[36] 蒋萍, 贾小爱. FISIM 核算方法的演进与研究进展 [J]. 统计研究, 2012, 29 (8): 58-64.

[37] 蒋萍. 核算漏洞与经济总量流失——以未观测经济核算为例 [M]. 北京: 中国统计出版社, 2006.

[38] 蒋萍. 核算制度缺陷与经济总量漏算 [J]. 经济科学, 2004 (2): 19-26.

[39] 蒋萍. 未观测经济: 概念框架与测算思路 [J]. 统计研究, 2009, 26 (3): 70-75.

[40] 李实, 罗楚亮. 中国收入差距究竟有多大?——对修正样本结构差异的尝试 [J]. 经济研究, 2011, 46 (4): 68-79.

[41] 联合国, 等. 国民账户体系 (2008) [M]. 国家统计局国民经济核算司, 中国人民大学国民经济核算研究所, 译. 北京: 中国统计出版社, 2012.

[42] 刘建平, 罗薇. 我国住户调查一体化设计研究 [J]. 统计研究, 2016, 33 (8): 3-11.

[43] 罗磊. 中国地下经济规模基本估计和实证分析 [J]. 经济科学, 2005 (3): 29-38.

[44] 吕光明, 李莹. 中国劳动报酬占比变动的统计测算与结构解析 [J]. 统计研究, 2015, 32 (8): 46-53.

[45] 牛华, 宋旭光. 中国财产收入核算的界定、解析及改进方向 [J]. 首都经济贸易大学学报, 2015, 17 (3): 79-86.

[46] 庞新生. 英美日韩等国住户调查的历史沿革与实践 [J]. 太原师范学院学报（社会科学版），2016，15（1）：49-53.

[47] 庞新生. 中国住户调查的历史沿革与实践 [J]. 统计与决策，2016（11）：封2，封3.

[48] 邱东，蒋萍. 国民经济统计前沿 [M]. 第1版. 北京：中国统计出版社，2008.

[49] 施发启. 也评王小鲁博士的灰色收入与国民收入分配 [EB/OL]. 中国统计信息网，2010-08-25.

[50] 唐军. 中国居民储蓄主要结构性问题研究 [D]. 中国社会科学院研究生院，2012.

[51] 田光宁，李建军. 中国未观测经济总量与指数的测算：1982—2006 [J]. 数量经济技术经济研究，2008（7）：138-146.

[52] 王小鲁. 灰色收入与国民收入分配 [J]. 比较，2010（3）：1-29.

[53] 王小鲁. 灰色收入拉大居民收入差距 [J]. 中国改革，2007（7）：9-12.

[54] 王有捐. 也谈城镇居民收入的统计与调查方法 [EB/OL]. 中国统计信息网，2018-08-24.

[55] 王正艳，蔡月祥. 城乡一体化与现行住户调查统计指标差异对比研究 [J]. 北方经济，2013（19）：60-62.

[56] 夏南新. 地下经济估测规模模型敏感度分析 [J]. 统计研究，2000（8）：38-41.

[57] 徐蔼婷,李金昌. 中国未被观测经济规模——基于MIMIC模型和经济普查数据的新发现 [J]. 统计研究, 2007 (9): 30-36.

[58] 徐蔼婷,李佩瑾. SNA关于FISIM产出核算方法的修订 [J]. 经济论坛, 2017 (3): 4-7, 27.

[59] 徐蔼婷,邱可阳. FISIM核算规则的最新修订及影响浙江宏观经济指标的定量测度 [J]. 财经论丛, 2019 (4): 37-48.

[60] 许宪春. 当前我国收入分配研究中的若干问题 [J]. 比较, 2011 (6): 93-97.

[61] 许宪春. 关于对我国政府统计三项质疑的解答 [J]. 经济纵横, 2015 (11): 1-10.

[62] 许宪春. 如何正确使用政府统计数据 [J]. 经济学报, 2017, 4 (3): 1-17.

[63] 许宪春. 我国住户调查与国民经济核算统计指标之间的协调 [J]. 财贸经济, 2014a (1): 5-13.

[64] 许宪春. 中国国民经济核算中的若干重要指标与有关统计指标的比较 [J]. 世界经济, 2014b, 37 (3): 145-159.

[65] 许宪春. 中国现行国内生产总值核算方法 [J]. 求是学刊, 2014, 41 (2): 66-81, 173.

[66] 许宪春. 准确理解中国的收入、消费和投资 [J]. 中国社会科学, 2013, (2): 4-24, 204.

[67] 许宪春. 准确理解中国现行国内生产总值核算 [J].

统计研究, 2019, 36 (5): 3-15.

[68] 许宪春. 我国国民经济核算的回顾与展望 [J]. 统计研究, 2002 (7): 8-11.

[69] 阎明. 我国城市住户调查制度改革的内容及方法——访国家城调总队城市住户处处长、高级统计师王有捐 [J]. 北京统计, 2001 (9): 5-6.

[70] 杨灿, 曹小艳. FISIM 核算的理论进展与中国的实践 [J]. 统计与决策, 2009 (2): 11-13.

[71] 杨仲山. SNA 的历史: 历次版本和修订过程 [J]. 财经问题研究, 2008 (12): 111-117.

[72] 张车伟, 赵文. 中国劳动报酬份额问题——基于雇员经济与自雇经济的测算与分析 [J]. 中国社会科学, 2015 (12): 90-112, 206-207.